Faça o que ama e seja pago por isso

Exercícios para decidir o que fazer da vida

Aline Cavalcante

Índice

Agradecimentos	5
Conhece a ti mesmo	6
O que você ama fazer?	11
Aptidões	15
Teve dificuldades de preencher o seu lado da lista?	19
Oportunidades	23
Como descobrir a melhor oportunidade?	24
Agora vamos falar de dinheiro?	29
Estilo de vida	30
Carreiras possíveis	33
Valores	36
Profissão	38
Quem você quer se tornar?	41
Laboratório de carreiras	44
E se eu não quiser seguir uma única profissão?	45
Armadilhas da multicarreira	46
Preparando o solo	47
Mirando no alvo	51
Tenha um planejamento	56
Quando trabalhar com o que ama não for a primeira opção	62
Experiência atual como caminho	62
Ressignificação	64
Experiência atual como ponto de adaptação	64

Comece hoje com o tem	**68**
O que você tem para começar hoje?	69
Planejamento de versões	74
Âncora motivacional	**78**
Fortaleça seu compromisso	79
Abdicar	**85**
Acabativa	89
Valorize suas conquistas	**92**
Conclusão	**96**

Agradecimentos

Agradeço primeiramente a Deus, pela inspiração em tudo que faço, por trabalhar com o que amo e pelos erros que cometi e que me ensinaram muito do que sei hoje. Graças a Ele aprendi, experimentei e posso sistematizar essas dicas para colaborar com a sua realização pessoal.

Tenho agradecimentos muito especiais ao meu esposo, Lucas Azevedo, que foi meu porto seguro e incentivador de cada nova tentativa de trazer meus sonhos à realidade. Graças a ele todo dia eu dizia um sim cada vez mais convicto ao que este livro traz sobre mim e meu trabalho.

Aos meus pais, por todo investimento em educação, em valores e em amor a mim dado. Graças a eles me tornei uma cidadã protagonista e eternamente inquieta.

Aos que acompanham e incentivam meu trabalho de desenvolvimento humano, desde o Instituto Fora da Caixa até os dias atuais. Graças a vocês todo dia me acordo mais apaixonada o que faço e assumo a bandeira do potencial humano.

Introdução

Conhece a ti mesmo

"Me olhei no espelho e perguntei: 'Quem é você?' Ele respondeu: 'Suas escolhas!'"

(Autoria desconhecida)

Eu sempre fui uma garota comum. Esforçada, mas comum. Experimentei de vários cursos e possíveis áreas profissionais: gestão, telemarketing, secretariado, turismo, hotelaria, esportes (ginástica rítmica, *handball*, badminton, futsal...), marketing, primeiros socorros e muito mais. Foram muitas experiências maravilhosas, mas que não foram aproveitadas ao seu máximo, pois eu ainda não sabia precisamente quem eu queria ser.

No ensino médio iniciei um curso técnico em Design para Jogos Digitais por indicação de um primo e passei todos os 3 anos do Ensino Médio convicta de que queria fazer a graduação em Ciências da Computação e viver desenvolvendo *softwares*. Durante esse período, desenvolvi e adquiri diversas experiências que potencializavam esse meu sonho, e ser uma mulher em computação me dava uma certa posição de destaque porque na época (infelizmente) ainda não era algo tão comum.

Um dia meu time de garotas programadoras foi selecionado para apresentar um de nossos projetos em um um evento mundial de tecnologia que aconteceu na minha cidade, mas eu não imaginava o quão relevante aquela ocasião iria ser para minha carreira. Era a grande chance de eu me desenvolver como profissional da computação e me conectar a outras pessoas já experientes na área, contudo, durante os 4 dias de evento eu me envolvia mais e com mais encantamento às atividades relacionadas a pessoas do que com tecnologia. Isso foi muito espontâneo, de modo que mal via a hora passar enquanto estava envolvida nas atividades e não percebi de imediato a mudança que estava começando em mim.

Em uma das palestras do evento eu tomei para mim uma definição que me fez brilhar os olhos: **empreendedora**. Encontrei-me com um significado diferente de empreendedorismo, referente muito mais ao comportamento do que a um CNPJ. Encontrei uma descrição que se encaixava naquilo que eu queria ser e queria ajudar outras pessoas a se tornarem: resolvedoras de problemas, líderes, competentes, proativas, solidárias e eficientes.

Depois desse dia comecei a sentir uma inquietação estranha. A palavra "empreendedorismo" saltava aos olhos o tempo todo e eu notei que meu ânimo não estava mais tão vigoroso para programar ou fazer gráficos digitais. Algo em mim estava mudando, e eu me sentia muito feliz por ver isto.

Comecei a questionar minha escolha para o vestibular, a pesquisar sobre outros cursos e a me observar mais, quietinha, sem contar a ninguém. Fiz uma aprofundada pesquisa através das minhas competências mais íntimas e sinceras através dos exercícios que trouxe nesse livro para você. Levei em conta tudo que é importante para mim e descobri: eu sempre quis ser desenvolvedora de gente e não sabia. Desde pequena, fui a garota que reunia as crianças da rua, sugeria desafios, adorava falar (e mais ainda ouvir), que liderava com muita naturalidade e gostava de resolver problemas. Como nunca tinha percebido isto? Meus temas de interesse e minhas aptidões estavam gritando o tempo todo e eu nunca os tinha ouvido.

Comecei a ler todos os artigos e posts que surgiam sobre empreendedorismo, carreira, inovação e liderança, e a mergulhar de cabeça em todos eventos que surgiam sobre. Eu já havia decidido que viver programando não era minha expectativa para o futuro, e queria imergir no ambiente que me daria a resposta sobre os caminhos que eu queria tomar para minha carreira.

Porém ainda no começo dessa jornada comecei a me deparar com dificuldades bem difíceis de superar: eu era muito nova, era uma jovem mulher estudante de apenas 16 anos e devido minha origem simples meu início iria ser ainda mais complicado, já que eu não teria condições de acelerar minha carreira com grandes investimentos em cursos, eventos pagos e livros.

Muitas vezes cheguei em casa com um nó na garganta e uma vontade enorme de desistir. O começo da minha estrada foi repleto de assédio, preconceito, menosprezo por minha idade e formação e a velha luta entre fazer o que amo e pagar minhas contas. Eu não sabia como repelir essas dificuldades, e não sabia até quando aguentaria conviver e lidar com elas.

Tive que deixar bem claro os porquês desse meu novo caminho e entender como superar essas dificuldades financeiras e sociais. Foi em uma análise muito sincera que eu decidi: **não iria desistir deste caminho por nada**. Tive que começar aos poucos, com muita coragem, e pensar quais seriam os passos para chegar aos objetivos que eu propunha para a minha vida.

Senti que o meu primeiro local de intervenção poderia ser a escola pública em que estudava, e mentalizei isso com tanta clareza que enxerguei a oportunidade ideal para colocar meu propósito em prática. O professor de sociologia pediu um trabalho de conclusão do último semestre do terceiro ano, e este consistia em fazer algo que trabalhasse a temática da educação, independente do formato. Eu e minhas amigas Anailde, Débora, Lívia e Gabriela não éramos muito convencionais - tínhamos sido infectadas pelo vírus do empreendedorismo naquela época - e decidimos que esse trabalho iria ser uma forma de criar nosso legado na escola. Nos juntamos e criamos o Fora da Caixa: um evento para falar de educação empreendedora e protagonismo juvenil para jovens de ensino médio, numa conversa com grandes referências no tema, pessoas que eu também tinha grande curiosidade em conhecer.

Digo com muita convicção que antes de sair do papel, o Fora da Caixa impactou primeiramente ao nosso time, às garotas que o idealizaram com tanto carinho, e eu era uma delas. Nos viramos em mil para fazer o evento acontecer sem muitos recursos, sem muito tempo e sem muito incentivo, e isto brilhava meus olhos como nada que vi antes. Dia 14 de novembro de 2014 aconteceu o evento, e eu nem imaginava que esse era o início de um projeto que iria revolucionar a história de jovens de todas as regiões do país.

Logo após o Fora da Caixa foi a época do tão temido vestibular. Eu tinha pensado muito durante um semestre sobre o que eu queria ser, e muitas variáveis surgiam, me questionando qual o era o curso, qual era a carreira, quais as escolhas... Conversei com algumas pessoas mais próximas à época para ajudar a me entender melhor. Eu não dormi bem enquanto não tinha feito a minha escolha.

Depois de me questionar de maneira sincera e ter a coragem de vasculhar o que existia de mais autêntico em mim, decidi fazer Psicologia e me dedicar ao desenvolvimento humano. Logo em seguida conheci o *coaching* como metodologia de aceleração de pessoas, e tudo pareceu fazer ainda mais sentido para mim.

Descobrir minha vocação me abriu os olhos para entender como utilizar meus recursos, como tempo e energia, de maneira mais inteligente e com maior eficiência, me aproximando dos meus objetivos. E entender como esse caminho de autoconhecimento destravou minha vida me ajudou a fazer o mesmo com outras pessoas, seja em edições do Fora da Caixa Brasil afora, em palestras, sessões de coaching e até mesmo em conversas informais.

Não dá para negar: A célebre frase "conhece-te a ti mesmo" contém um dos dilemas mais importantes da existência humana, que pendula entre o desvelar e o ocultar da nossa identidade. Só que quando nos escondemos, desorientamos nossas decisões e caminhos, gerando resultados nem sempre tão satisfatórios.

Em uma sociedade onde, em média, de 13 a 25 anos são empregados durante a nossa vida no aprendizado formal de teorias e técnicas, praticamente nada sobre autoconhecimento é inserido na rotina de estudos formal das pessoas. Sabe qual o resultado? Muitas pessoas altamente capazes, mas desorientadas e inertes, trabalhando para realizar os sonhos das poucas pessoas que realmente sabem o que querem para as suas vidas.

Nós somos dramaturgos, atores e investigadores sociais da nossa própria vida, mas às vezes abdicamos disto para ficar na cômoda posição de coadjuvante. Perdemos a voz ativa e a identificação com a nossa própria narrativa e acabamos nos tornando uma versão de segunda classe de outra pessoa, de sonhos que não são nossos.

Como *coach*, me deparo diariamente com as demandas relacionadas ao autoconhecimento: são pessoas que não alcançam seus objetivos e não sabem o motivo, que querem sair do emprego sem saber ainda a atuação profissional que querem, ou até mesmo que não compreendem suas emoções. Tudo isto acarreta em muita **angústia** e **frustração**. Podemos comparar nossa vida a um carro: vivemos muitas vezes na angústia de dirigir uma máquina super complexa que não dominamos, que está dando problemas e não identificamos a causa.

Conhecer a si mesmo é um primeiro passo que mostra quais são os outros seguintes e quais os entraves que existem até eles. Se você sabe que uma determinada situação lhe causa constrangimento ou fuga, fica mais fácil de trabalhar para reverter o quadro, por isso sua queixa profissional tem que se converter em uma **queixa proativa**, que gere mudanças.

E é de passo em passo que chegamos aos objetivos que estipulamos. Definir o "ponto A" e o "ponto B" não é suficiente, nem confortável, afinal, uma escada parece mais fácil de subir do que uma grande ladeira. O esforço empenhado é reduzido quando você administra a si e aos seus recursos um degrau de cada vez, dividindo seus objetivos grandes em outros menores.

Com grande frequência, um dos momentos onde mais nos esbarramos na dúvida sobre o que somos e queremos é a hora de optar por um rumo profissional. Entre tantas possibilidades, questionamos qual se aproxima mais daquilo que esperamos para a nossa vida. Existe muita gente que não gosta do que faz, não sabe do que gosta ou não sabe como sobreviver fazendo o que ama, provando com suas próprias vidas que sem conhecer nossa identidade não temos subsídios para desenhar o projeto que almejamos viver.

Existem várias formas de promover o autoconhecimento, e entre elas estão algumas reflexões e exercícios que, quando aplicados com sinceridade, podem nos dizer muito sobre a maior companhia que temos em vida: nós mesmos.

A partir da referência do Ikigai (conceito de propósito para os japoneses) e da minha experiência como *coach,* desenvolvi uma proposta de autoconhecimento a partir de exercícios de imersão pessoal. No final de cada capítulo terá também um conjunto de afirmações para reforçar o conteúdo que foi desenvolvido e ajudar na formação de uma nova mentalidade. Veremos este tema com maior profundidade mais adiante, mas as nossas afirmações têm um poder gigante, capaz de estacionar ou impulsionar nossas vidas. Então, por que não usá-las para acelerar seu processo de reconhecimento do seu caminho profissional?

Se você não quer mais andar em círculos em busca da sua carreira autêntica, esse livro é para você. Espero que aproveite a jornada.

Capítulo 01

O que você ama fazer?

"Escolha um trabalho que você ame e não terás que trabalhar um único dia em sua vida."

Confúcio

Quando somos crianças, o *script* que tentam nos vender é: nascer, crescer, fazer vestibular, terminar a faculdade, arrumar um emprego (ou passar em um concurso), financiar uma casa em 30 anos, casar, financiar um carro em 5 anos (fazer isso a cada 5 anos), ter filhos, se aposentar e morrer, como se houvesse uma inflexível receita de bolo para nossa existência e não existissem projetos de vida diferentes.

Um dos tantos outros problemas em viver baseado em um *script* aparece na prática. No começo, parece que tudo está fluindo bem, de maneira excitante, mas logo você esbarra num beco sem saída, uma vida estagnada e sem progressos. Cá entre nós: não há nada mais frustrante do que uma vida sem aprendizados e desafios. E não evoluímos neste tipo de caminho pré-escrito justamente porque não é uma jornada **autêntica**. Quem gosta do conformismo deste beco sem saída tem que se contentar com não avançar nos seus projetos de vida.

Escolher uma carreira, particularmente, é uma dificuldade para muitos. Se reconhecer em um perfil profissional (seja ele de funcionário público, executivo, empreendedor, empregado, acadêmico, *freelancer* ou nômade digital) é uma tarefa que passa primeiramente pela identificação do que **amamos fazer**. De jogar futebol a fazer cálculos e cozinhar, existem uma série de coisas que podem nos fazer muito bem. São as coisas que fazemos sem nem notar o tempo passar.

Quando trabalhamos com algo que não gostamos, encurtamos a vida à medida que vivemos esperando pelo fim do expediente, da semana, do ano de trabalho... É uma eterna fuga do hoje. Dessa forma sem perceber, estamos tão frustrados a ponto de estar pedindo para que a vida acabe mais rápido. Estamos decretando uma morte lenta da nossa vitalidade profissional.

Fazer algo que não desejamos é levar nossos corpo e mente à exaustão. Se lembra de alguma vez que você passou o dia em alguma atividade que não gostava e à noite não tinha mais energia para fazer nada? Isso acontece quando fazemos algo que realmente não gostamos, seja nosso seja trabalho, as compras de fim de ano, a feira de casa, ir à faculdade ou fazer faxina. Como o filósofo Mário Sérgio Cortella afirma, "Cansaço resulta de esforço intenso. Estresse resulta de um esforço que você não quer fazer".

Além do mal-estar momentâneo, o estresse frequente pode gerar consequências mais persistentes na saúde, que vão da fragilização do sistema imunológico (gerando patologias alérgicas, infecciosas, cancerígenas ou autoimunes)[1] a desequilíbrios de ordem psicológica, como a Síndrome de *Burnout*[2]. Para termos uma vida mais feliz, saudável e produtiva, precisamos dedicar nossos recursos (o tempo é um dos mais preciosos deles) a coisas que mobilizem o que há de mais intimamente verdadeiro em nós.

Curioso é que frequentemente sou abordada nas minhas palestras, sessões de *coaching* e mentoria por pessoas que dizem que sua grande missão de vida é

---

[1] RABELO, Laís Di Bella Castro; SILVA, Julie Micheline Amaral; LIMA, Maria Elizabeth Antunes. Trabalho e Adoecimento Psicossomático: Reflexões sobre o Problema do Nexo Causal. Psicol. cienc. prof., Brasília , v. 38, n. 1, p. 116-128, Mar. 2018 . Disponível em <http://www.scielo.br/scielo.php?script=sci_arttext&pid=S1414-98932018000100116&lng=en&nrm=iso>. Acesso em 12 Dez 2018.

[2] SILVA, Melani et al . Burnout e Engagement em profissionais de saúde do interior: norte de Portugal. Psic., Saúde & Doenças, Lisboa , v. 16, n. 3, p. 286-299, dez. 2015 . Disponível em <http://www.scielo.mec.pt/scielo.php?script=sci_arttext&pid=S1645-00862015000300002&lng=pt&nrm=iso>. acessos em 12 dez. 2018.

ajudar pessoas... o que não é **nem um pouco específico**. Acredito que todas pessoas devem estar preocupadas em ajudar pessoas de maneira significativa, mas existem **milhões** de formas de fazer isto: dando alimentos a moradores de rua, ouvindo pessoas com sofrimento psíquico, dando conselhos, lavando os carros de pessoas que não têm tempo de fazê-lo, fazendo a declaração de imposto dos seus clientes, ensinando sobre um assunto transformador para a profissão de alguém, criando excelentes pratos em seu restaurante, desenvolvendo *softwares* que transformarão a vida ou a experiência de consumo de milhares de pessoas, fazendo as pessoas darem gargalhadas, vendendo soluções para os clientes da loja em que trabalha... O que temos que ter em mente é a **forma** que você optou para ajudar gente.

Vamos fazer algo bem simples, mas revelador: insira na caixa abaixo todas as coisas que você julga **amar fazer**. Podem ser atividades de todos tipos, como ouvir as pessoas, cozinhar, andar de bicicleta, criar planilhas, ler, se exercitar, falar em público e até mesmo passear com o seu cachorro.

Algumas perguntas podem te ajudar a identificar as coisas que ama fazer:

Quais as coisas que você escolheria para preencher suas horas, caso você não tivesse mais que trabalhar?

O que faz você esquecer o mundo ao seu redor?

Quais os assuntos sobre os quais mais gosta de falar?

Quais as coisas que fazem você nem sentir o tempo passar?

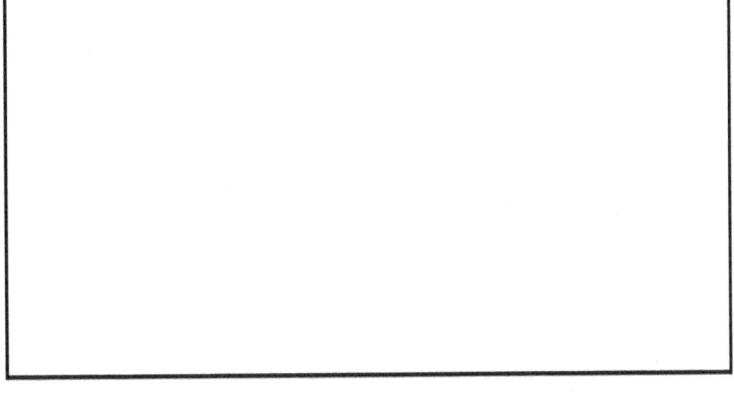

Muito provavelmente o simples fato de ter rememorado e escrito estas atividades já fez você se sentir bem, não é verdade? Estas predileções são o que temos de mais genuíno, que mais nos descrevem. A partir das coisas que amamos, revelamos nossas prioridades, aptidões, preocupações e nossa óptica.

É ao fazer estas coisas que o melhor de nós é aflorado. Ao contrário das situações não prazerosas, nosso lado mais leve, sincero e rico é posto em contato com o mundo quando fazemos o que amamos. É só lembrar das matérias preferidas na escola, em que você não se importava se a aula era depois do almoço ou no começo do dia, onde o tempo passava rápido e onde tudo fluía com mais facilidade. A aprendizagem é altamente influenciada pela carga afetiva que damos a algo, logo, aprendemos melhor tudo aquilo que tem alto teor de emoções positivas, como curiosidade, empolgação, desafio e satisfação. Estas disciplinas escolares que você gostava muito podem falar muito sobre aquilo que lhe chama atenção, que você ama.

Outro recorte da nossa vida que pode nos ajudar a pensar sobre o que amamos fazer é o nosso tempo de lazer. O que você costuma fazer quando está com tempo livre, sem obrigações? Quais são suas preferências de hobbies?

Essas coisas têm um poder tão grande de nos conectar à nossa identidade e de nos fazer bem que decidi registrar em mim algo que sempre vai me lembrar de continuar buscando viver e conhecer as coisas que amo. A frase em italiano *"Ascolta il tuo cuore"* (escute seu coração), escrita a próprio punho, foi minha primeira tatuagem e foi a forma que encontrei de me conectar com esta minha essência. Toda vez que olho para esta frase, inspirada no título da música interpretada pela cantora Laura Pausini, relembro os meus pilares basilares.

Nossa jornada profissional autêntica tem que ser ao máximo próxima de nossa forma de ver e lidar com o mundo, e as coisas que amamos são uma excelente forma de acesso a nós mesmos.

AFIRMAÇÕES:

Eu não preciso seguir o *script* de vida que me ensinam.

O que eu amo fazer tem grande importância no meu processo de autoconhecimento profissional.

É possível trabalhar com o que amo.

Capítulo 2

Aptidões

"O talento é um título de responsabilidade."

(Charles de Gaulle)

Logo assim que casei me mudei com meu esposo para um apartamento que em quase tudo parecia perfeito para nós, que estávamos começando nossa vida de casal. Havia apenas uma única coisa que foi o tormento do início da nossa vida de casados: o apartamento era ao lado de um batalhão de polícia, e todo dia às 6 horas da manhã os policiais testavam os 6 tipos de sirene de todas as 100 viaturas. Era um tormento que acontecia de domingo a domingo. No início era bem difícil estender o nosso descanso porque sempre acordávamos com este procedimento, que era padrão e obrigatório para os policiais.

As duas primeiras semanas foram um caos, mas logo em seguida fomos começando a acostumar com estes sons e transformá-los em "ruído branco": tão rotineiros que começaram a passar despercebido. Depois de 1 ano morando nesse mesmo local, não nos incomodávamos mais com as sirenes pela manhã e muitas vezes nem lembrávamos que estamos ao lado de um batalhão policial, sempre tão agitado e ruidoso.

Agora note: existe uma série de coisas em nós que podem virar "ruído branco". Entre essas coisas estão nossos **talentos**, aquelas coisas que fazemos bem e com tanta naturalidade que nem vemos o tempo passar. Da mesma forma que a convivência com as sirenes todas as manhãs fez com que eu e meu esposo não nos incomodássemos mais, convivemos há muitos anos com nossos talentos a ponto de não os notarmos. Eles são tão nossos e tão presentes em tudo que fazemos, que se soam para nós como "senso comum", "obrigação" ou "algo que todo mundo sabe fazer".

No início da minha jornada como consultora, tive a oportunidade de acompanhar indiretamente a história de uma senhora que vamos apelidar de Ana, para preservar sua identidade. O pouco que pude acompanhar dela me fez admirá-la bastante. Ela era muito insatisfeita com o trabalho que exercia e queria ganhar uma renda extra. Todo mundo comentava sempre que Ana fazia o melhor bolo de banana de todos, e ela não levava este talento em consideração apesar de concordar que o jeitinho que ela fazia o bolo era especial. Ela julgava que não era nada de tão especial. Depois de ouvir muitos bons *feedbacks* de amigos e familiares sobre o seu bolo de banana, Ana começou então a fazê-lo para vender, sempre melhorando a apresentação e a divulgação. Sua dedicação era muito consistente, pois ela estava diante de uma atividade intimamente relacionada aos seus maiores talentos. O resultado: chegou a um momento que o volume de vendas aumentou muito e Ana decidiu então abandonar o emprego para se dedicar 100% a fazer e vender seu famoso bolo de banana. Um talento culinário de Ana, que ela considerava algo "comum" virou sua principal fonte de renda e uma leve rotina de trabalho, apesar de bem atarefada.

Um dos grandes problemas é que, como Ana e outras milhões de pessoas, na hora de optar por uma carreira, acabamos muitas vezes nos influenciando pelas expectativas dos outros sobre nós. O pai quer que você faça faculdade de medicina, a mãe quer que você preste concurso público, o primo gerencia um negócio de sucesso e vive te incentivando a fazer o mesmo... E ficamos no meio disso tudo perguntando: o que eu **realmente** quero e posso desempenhar com qualidade?

Na nossa sociedade um grupo seleto de profissões e estilos de vida é muito valorizado, o que chamo de "carreiras de tradicionais", deixando as outras à margem dos aplausos e oportunidades e saturando o mundo de marias-vão-com-as-outras e joãos-semidentidade. Por outro lado, você certamente já viu na internet, na televisão ou em conversas, histórias de pessoas que apostaram em algo que faziam bem e despontaram. Essas pessoas geralmente surpreendem tomando como trabalho algo que foge do "grupo tradicional": piloto de drone, jogador profissional de videogame, *petsitter*, cuidador de idosos, costureira, atleta, *Youtuber* e vendedor de canetas (como o início da carreira do grande Silvio Santos) são algumas das milhões de histórias possíveis. Isso se dá porque tudo que fazemos com um cuidado especial **pode virar profissão** ou dar dicas muito importantes sobre sua escolha profissional.

Assim como na história de Ana, sua carreira autêntica pode ser indicada pelas coisas que você faz bem. A nossa sociedade valoriza muito os pontos negativos de tudo que somos, temos e fazemos, e com isso perdemos de vista aquilo que é naturalmente nosso. É só notar que nos boletins da vida, nossas notas baixas, por mais que sejam poucas, recebem mais atenção do que os 8, 9 ou 10 que conquistamos. Já recebi diversos *coachees* que tinham talentos preciosíssimos em diversas áreas, mas não os reconheciam como algo digno que atenção, e sim suas fraquezas. É comum ter este tipo de visão, mas ela no máximo nos leva à tentativa exaustiva de reparar nossos pontos fracos até alcançar a média, a **mediocridade**. Somente o que é natural e brilhante em nós é que nos encaminha espontaneamente para a posição de **destaque**, mas poucos acordaram para este tipo de visão.

Algum dia você pode ter caído na velha armadilha de achar que qualquer outra pessoa conseguiria compreender ou fazer algo que você sabe, como se fosse um conhecimento universalmente compartilhado. Talvez gerenciar finanças ou desenhar seja algo tão natural para você que você acredita que seja uma obrigação moral, não um talento, mas olhe para você e note: você pensa isso porque desenvolveu esta habilidade de maneira natural, sem fazer um esforço sobrehumano ou ferir sua identidade. Você faz isso tão espontaneamente e constantemente que tornou um ruído branco. Contudo, existem muitas pessoas e instituições que estão deficitárias nas suas competências mais fortes e que precisam se aperfeiçoar no seu tipo de conhecimento através de profissionais como você. Há quem pague para aprender a fazer o que é natural para você, já pensou nisso?

Um exercício que indico para que você descubra quais são essas habilidades é fazer duas listas: uma de **coisas que você acredita que sabe fazer bem**, e outra de **coisas que 3 pessoas que te conhecem**

muito bem dizem que você sabe fazer bem. Esta atividade se baseia bastante no conceito da Janela de Johari, que é composta por quatro quadrantes:

	CONHECIDO POR MIM	**DESCONHECIDO POR MIM**
CONHECIDO PELOS OUTROS		
DESCONHECIDO PELOS OUTROS		

Pensando na nossa reflexão sobre o que você faz bem, na **área aberta** está tudo aquilo que você e os outros sabem que você faz bem. É o que é mais claro e sai mais imediatamente na hora de refletir. Na **área oculta** estão aquelas aptidões que só você conhece, enquanto que na **área cega** estão casos como o de Ana, mencionado acima, onde só as outras pessoas enxergam o talento. A **área desconhecida** é a inexplorada, que ainda não é de conhecimento de ninguém e pode ser reconhecida com o tempo, a partir de experiências práticas e do profundo autoconhecimento. Na área desconhecida estão as sementes adormecidas dos nossos talentos.

Algumas das pistas que ajudam-nos a identificar as coisas que fazemos bem e que estão na área oculta da Janela de Johari é a resposta "sim" para alguma dessas perguntas:

✓ Esta é uma daquelas atividades que você faz e nem sente o tempo passar?

✓ Você se sente realizado(a) ao praticar isto?

✓ Você se sente realizado(a) ao ver as pessoas te elogiarem por fazer isto bem?

✓ É algo que, apesar das dificuldades, você se sente feliz em fazer?

✓ Desenvolveu a habilidade de fazer isto de maneira natural, intuitiva e fácil?

✓ É algo que já fez e que deixou você se sentindo orgulhoso(a)?

As atividades que respondem a estas perguntas (e outras similares que vierem à sua cabeça) devem ser postas no lado esquerdo do quadro abaixo. O lado direito será preenchido com as aptidões que três pessoas que lhe conhece bem dirão que você possui. Liste quantas atividades forem possíveis e com o máximo de sinceridade, a fim de nos aproximarmos mais ainda de você:

ACREDITO QUE SOU INCRÍVEL EM:	AS PESSOAS DIZEM QUE SOU INCRÍVEL EM:

Se o que somos é revelado no que fazemos, a partir destas atividades iremos te conhecer melhor e delinear um caminho profissional mais claro. A ideia é que com isto você comece a afunilar as suas opções até chegar a algo que seja a sua melhor versão como profissional.

Teve dificuldades de preencher o seu lado da lista?

Uma dificuldade que pode aparecer é a falta de crença de que podemos fazer algo bem. A palavra **incrível** pode ter despertado a ideia de "é uma palavra muito forte para mim..." ou de que nada mais é do que sua obrigação fazer bem essas atividades.

Às vezes somos aprisionados por fortes padrões mentais e emocionais disfuncionais que acabam nos cegando, nos privando de ver ou desenvolver o potencial incrível que temos dentro de nós: são os **auto sabotadores**. Eles existem para que, quando crianças, sobrevivamos física e mentalmente ao estresse, mas manter esses padrões na adultez encarcera nosso potencial. O efeito é exatamente esse: restrição da nossa liberdade psicológica através do medo, da culpa, do desequilíbrio, do autoconceito negativo, da raiva, da ansiedade e da autopunição.

Existem dez tipos de auto sabotadores, mas o mais comum (todo mundo tem, em níveis diferentes) é **o crítico**, traduzido pelo hábito de buscar defeitos em si e nos outros o tempo todo. E este hábito de inferiorização, mais especificamente de si mesmo(a), leva apenas aos caminhos tortuosos da decepção, desmotivação, culpa, raiva, arrependimento, vergonha e ansiedade.

A autoavaliação correta, oposto desta situação anterior, é um dos elementos que compõem a inteligência emocional (IE), e sem ver e acreditar no potencial que temos nos falta o combustível que alimenta todas nossas ações: a **motivação**, que também é um dos pilares da IE.

O primeiro passo para não deixar se limitar pela insegurança é fazer a escolha consciente e convicta de acreditar em si e diariamente desafiar-se a fazer o caminho oposto ao dos padrões sabotadores.

Vamos fazer outro exercício para conquistar novamente a confiança no que você faz. A ideia é que você complete a frase **"Eu não consigo** (fazer tal atividade/tomar tal ação) **porque** (justificativa)". Em seguida, tente criar uma declaração opositora, uma frase que combata a ideia que você preencheu anteriormente. A proposta é te ajudar a quebrar crenças que limitam você de avançar. Vamos começar:

Exemplo:

> **Eu não consigo** conversar com pessoas desconhecidas **porque** não tenho conteúdo para transmitir.
>
> **Declaração opositora**: Tenho muito conteúdo de várias áreas, principalmente sobre gestão empresarial, futebol e economia doméstica, e também posso aprender sobre o que ainda não sei.

EU NÃO CONSIGO _____
PORQUE _____
DECLARAÇÃO OPOSITORA: _____

EU NÃO CONSIGO _____
PORQUE _____
DECLARAÇÃO OPOSITORA: _____
_____

EU NÃO CONSIGO _____
PORQUE _____
DECLARAÇÃO OPOSITORA: _____
_____

EU NÃO CONSIGO _____
PORQUE _____
DECLARAÇÃO OPOSITORA: _____
_____

Esta justificativa muitas vezes abriga nossas principais travas emocionais a respeito da nossa capacidade. Digamos que sua resposta tenha sido a do exemplo acima, "Eu não consigo falar bem em público porque não tenho conteúdo para transmitir". Todo mundo tem algum conteúdo, mas a depender do contexto damos maior valor moral e intelectual a alguns temas e desvalorizados os que dominamos. Nunca saberemos de tudo, e caso você não domine a área de conhecimento que está sendo avaliada, esta pode se tornar uma questão de predisposição para a busca de informações, compreendendo a situação como uma oportunidade de aprender sobre algo que ainda não se sabe.

Percebeu como desvalorizamos nosso potencial a partir de comparações e padrões pré estabelecidos?

É por este tipo de resposta que damos o *start* nos nossos planos de virada ou permanecemos sem avançar. Para prevenir a auto sabotagem temos que nos conhecer, definir nossas metas, desenvolver a autocrítica para avaliar os padrões impostos e agir ao máximo conforme nossos próprios planos. Como diria Fernando Pessoa, nada é tão nosso quanto os nossos sonhos, e eles podem nos ajudar a tomar decisões sem tanta influência de pensamentos sabotadores.

Sabendo disso e voltando para o exercício, nossa missão é rebater esta justificativa de modo a saber se é verdadeira, por exemplo:

> Em outras situações, você é uma pessoa que entende bem de algum assunto (futebol, música, finanças, biologia, marketing, como se comportar em uma entrevista de emprego, como fazer doces, etc)? ( ) Sim ( ) Não

> Você algum dia já ajudou colegas a compreender mais sobre um assunto escolar, acadêmico, pessoal ou profissional? ( ) Sim ( ) Não

> Consegue desenvolver uma conversa com um amigo próximo sobre algo que realmente gosta ou tenha estudado? ( ) Sim ( ) Não

Se sua resposta foi **sim** para alguma dessas três perguntas, podemos entender que você tem conteúdo ou é capaz de aprender algum para repassar oralmente. E com esse sim, podemos inferir que seu problema não é o conteúdo, pois há um conteúdo ou ele pode ser aprendido, mas o que te trava é a **confiança que tem sobre si**.

Rebater nossas autocríticas é um exercício fenomenal para construir uma **mentalidade mais positiva e orientada a realizações**, e tomando este exemplo da crença na falta de conteúdo, entender a realidade te ajuda a tomar decisões sobre os próximos passos em direção à mudança.

Essas declarações opositoras têm que virar hábito para que, em um momento em que travar, você reaja com uma ação efetiva e reverta o quadro. O que você não pode permitir é que continue sacrificando sua realidade por ideias irreais, não é mesmo?

Nossa crença em nós mesmos alimenta nosso poder pessoal, que é a fonte de energia intrínseca que nos faz alcançar objetivos e influenciar pessoas. Sem este poder, nossa vitalidade pessoal e profissional é ameaçada.

AFIRMAÇÕES:

Eu tenho diversos talentos únicos que mostram diariamente o meu potencial profissional.

Devo perceber e valorizar constantemente o que faço bem.

Não permitirei que a auto sabotagem me atrapalhe de construir minha carreira autêntica.

Capítulo 3

Oportunidades

"Oportunidades não surgem. É você que as cria"

(Chris Grosser)

Uma das coisas que mais ouço é: "*Amo fazer tal atividade, mas não vejo oportunidades de carreira com ela*", mostrando uma falta de uma perspectiva profissional amigável. Às vezes isso decorre de falta de experiência de mundo, instrução e até de criatividade, mas sempre encontraremos nesse cenário uma dose de fragilidade da **confiança em si**, que impede de idealizar e acreditar em um futuro onde o amor e a profissão se encontram.

Isso se torna ainda mais grave pela mentalidade de funcionário que a sociedade costuma valorizar, onde trabalhar para alguém em um emprego "estável" é a rota incentivada. A verdade é que existem muitas oportunidades profissionais, desde abrir um negócio próprio, a seguir carreira acadêmica, ser *freelancer* em algum segmento, trabalhar à distância e fazer um concurso. E cada vez mais essas diversas formas de trabalho surgem como **oportunidades** diante de uma sociedade assolada pelo desemprego constante.

Somos educados para sermos profissionais domesticados, que aguardam a vaga de emprego perfeita aparecer ou um concurso público abrir, mas pouco nos ensinam sobre criar oportunidades. Geralmente se aprende pela professora mais carrasca de todas: a necessidade. Quando as vagas desaparecem, as contas acumulam e sua subsistência está ameaçada é onde muitos aproveitam seu saldo de criatividade para promover novas chances. E isso não se trata necessariamente de abrir seu próprio negócio. Empreender é uma forma de trabalho igualmente digna e pela qual sou apaixonada, mas é possível criar oportunidades até mesmo no mercado formal.

Um dos segredos que não nos contaram sobre a vida profissional é que às vezes precisamos nos manter às vistas: interagir com profissionais da nossa área, mostrar nossas habilidades e se conectar a recrutadores, por exemplo. **Networking** é uma daquelas palavras que deveria nos ser ensinada desde cedo. A rede social LinkedIn, por exemplo, é um excelente caminho para você apresentar ao mundo o perfil profissional incrível que tem através de seu currículo, de publicações relevantes e até mesmo de conteúdos próprios. A partir dos meus conteúdos no LinkedIn abri várias portas importantes e as concedi também.

Para além das ferramentas digitais, os encontros presenciais são formas muito significativas de construção de uma rede de contatos. Todas pessoas que estão no nosso ciclo social, estejam próximas ou não, fazem parte do nosso *networking*. Desde o porteiro do seu prédio à sua dentista, seu professor e chefe. Muitos não enxergam que as pessoas próximas, mesmo que não tenham um grande cargo na sua área, são cruciais para nosso *networking*. Inclusive a proposta de graduação presencial nos permite explorar nossa rede de contatos com profissionais de todos os campos (formados, no mercado ou em formação) que podem somar forças com você rumo ao crescimento. O grande lance do *networking* é construir uma via de mão dupla de conhecimento, oportunidades e confiança, o que nos pede ousadia para abordar pessoas fora do nosso ciclo, nos aproximar de quem já conhecemos e dar extensão para nosso *marketing* pessoal.

O mundo está repleto de diversos caminhos profissionais incríveis esperando por pessoas que os abram. Mas quando chega a hora de decidir qual você quer seguir, muitas vezes a resposta não vem tão fácil, e uma das épocas onde essa crise de decisão é mais aguda é na fase de escolha para a faculdade. São tantas formas de trabalho e tantas áreas de atuação que fica difícil definir qual é a que tem mais a ver com sua identidade. Essa é uma daquelas decisões que só são tomadas com tranquilidade quando você se conhece muito bem.

Como descobrir a melhor oportunidade?

Existem diversos caminhos, e quando se fala em projeto de vida e carreira não há atalhos ou mapas pré-definidos. Somente nossas características pessoais podem nos guiar a uma direção precisa, mas pouco se fala como sistematizá-las para finalmente dar respostas às nossas inúmeras perguntas.

Excelentes pistas podem ser encontradas nos exercícios que fizemos anteriormente. Resgate aquelas duas listas: a de coisas que ama fazer e sabe fazer bem. Em seguida, escreva aqui abaixo aqui as coisas que estão **nas duas** listagens: as coisas que você sabe fazer e que também te deixem feliz:

Depois de fazer esta intersecção, **circule** entre essas coisas tudo aquilo que pode virar uma oportunidade profissional, seja no mercado de trabalho formal, empreendendo, fazendo *freela* ou em qualquer outra perspectiva de carreira.

Não se limite a ideias pré-formatadas e às tentativas de auto sabotagem que surgirem. Você é um ser de infinitas possibilidades, então porque deveria se contentar com se encaixar em caixinhas? Estas opções circuladas são itens descritos como **coisas que o mundo pede**, que podem formar oportunidades.

Pode ser que a sua vocação esteja em produzir artesanato, bolos, música ou relatórios, mas você não enxergue (até então) que poderia trabalhar com isso. A verdade é que, cada vez mais, tudo pode virar profissão, pois para tudo há uma demanda existente ou possível de ser criada. Quem diria que produzir vídeos para uma plataforma de *streaming* poderia virar profissão? E pilotar drones, passear com cachorros ou oferecer caronas remuneradas através de aplicativos?

Esse segundo passo do exercício transforma um **talento** em uma **oportunidade** e afunila mais nossas opções. Mostra que o mundo pede pessoas como você o tempo todo, só às vezes não estamos prontos para identificar. Leia de novo esta frase: **o mundo pede pessoas como você o tempo todo**. Isso é muito forte e muito importante! Mostra-nos que temos valor profissional e que somos capazes de criar nossa chance de viver uma carreira autêntica e próspera.

Se quer parar de se frustrar com o mito das poucas oportunidades ou andar em círculos atrás do trabalho que realmente te satisfaz, você precisa se enxergar com clareza e ousadia. **Você não ganha nada ao limitar suas possibilidades**.

Apesar de dizer que não gostamos dele, o insucesso é bastante cômodo. É mais fácil ficar na mediocridade, onde ninguém te vê, te cobra ou se esforça em te avaliar do que administrar uma carreira cheia de desafios e curvas de crescimento. Já ouviu aquele velho "Quanto mais alto, maior a queda"? É na repetição de afirmações como esta que construímos pessoas tão temerosas de conquistar a abundância. É assim que o medo da responsabilidade, do insucesso, da exposição e do julgamento alheio podem nos travar de desenvolver a oportunidade que tanto sonhamos em ter, nos provocar o **medo de dar certo**.

Como assim medo de dar certo? Parece algo absurdo para você? A verdade é que todos nós já sentimos isso alguma vez. Seja através do receio de não ter rendimentos o suficiente para pagar os funcionários da empresa que você quer abrir, de não saber o que fazer com todo o dinheiro que sua profissão pode trazer, de se "corromper" com o sucesso, de deixar a família de lado se aceitar a oportunidade de promoção que recebeu ou até de se acomodar com a rotina do serviço público, caso seja aprovado(a). Riscos existem o tempo todo, em todas áreas, mas as suposições não são concretas. Paramos por medo do tamanho do desafio que virá com o "dar certo" por todos esses "e se".

O que fazer para evitar estagnar com este tipo de pensamento? **Usar o "e se" ao seu favor**. Pense tudo que pode ocorrer e o que você precisa fazer para estar minimamente preparada para enfrentar estas situações. Pense nas competências que você tem que desenvolver desde já e se prepare enquanto batalha pelo "dar certo" que você almeja para sua vida.

Enquanto o medo for tão influente sobre nós que nossas suposições temerosas forem mais eficientes que nosso propósito, estaremos fadados a ficar cada vez mais para trás. Afinal de contas, ninguém lembra de quem não tenta.

Consegue identificar que com este exercício as escolhas estão ficando, aos poucos, mais claras? Agora você começou a entrar no **estágio da formação de identidade profissional.** Nele começamos a desenhar nossa imagem e suas ambições para carreira e a pavimentar o terreno para falar sobre como viver bem e com saúde financeira fazendo o que amamos.

AFIRMAÇÕES:

Existe uma abundância de ricas oportunidades profissionais disponíveis para mim.

Sou responsável por construir meu caminho profissional com excelência e autenticidade.

Não há mérito moral ou profissional algum em diminuir o enorme potencial que possuo.

TODAS AS RESPOSTAS PARA A SUA ESCOLHA DE CARREIRA ESTÃO EM VOCÊ

Capítulo 4

Agora vamos falar de dinheiro?

"Persiga um ideal, não o dinheiro. O dinheiro vai acabar indo atrás de você"

(Tony Hsieh)

Fazer o que ama é ótimo. Fazer atividades apaixonantes é incrível. Melhor ainda é se você conseguir gerar renda e sustentar seu estilo de vida com esses trabalhos, não acha?

Não tem absolutamente nada de errado em desejar dinheiro e falar dele. Assim como tantos temas importantíssimos, o dinheiro é um tabu para muitos que não conseguem se sentir confortáveis para falar dele por motivos diversos. Somos ensinados a crer que muitas pessoas só são ricas porque passaram a perna em alguém, que dinheiro é algo sujo, que ele não traz felicidade, que não nasce em árvore e até mesmo que corrompe as pessoas. Essas crenças alimentam nas pessoas um afastamento consciente e inconsciente de tudo que envolva o dinheiro.

Já vi muitos casos de *coachees* que não sabiam cobrar seu salário ou o pagamento de sua hora de serviço quando atrasava porque se sentiam incomodando ao outro. Outros gastavam compulsivamente porque "só temos uma vida". Muitos não sonhavam em serem ricos e falavam isso como se fosse imoral ter algum tipo de ambição. Estes padrões muitas vezes são reflexos de uma infância marcada por ver os pais brigando constantemente por causa de dinheiro, ver a família em conflito por herança ou por ter pais separados porque um deles priorizou o sucesso profissional e financeiro acima da família, por exemplo. O início da nossa vida é altamente importante para moldar nossa mentalidade sobre tudo, inclusive o dinheiro. Mas tudo que um dia foi programado pode ser reconfigurado.

Uma verdade dura é que no mundo em que vivemos não conseguimos erguer muitos dos nossos objetivos sem possuir alguma disponibilidade financeira. Tê-lo se torna crucial para manter até mesmo nossa saúde e alimentação. Ele pode ser também uma forma de realizar sonhos, como o de ter um estilo de vida luxuoso, de ajudar a grupos e causas ou de ter o sossego de não dever nada a ninguém.

Uma ONG não se alimenta de amor, não se adquire cursos com força de vontade e nem se paga boletos com boas vibrações. Como diria o rapper Projota:

"Dinheiro faz quase tudo, Vontade faz quase nada", e o problema não está em ter o dinheiro, mas está em tê-lo como seu líder ao invés de fazê-lo trabalhar para você. A primeira atitude preventiva dessa escravidão é compreender que estilo de vida você quer ter.

Estilo de vida

Nosso estilo de vida é o conjunto do que queremos adquirir ou manter, do nível de conforto que almejamos e das experiências que queremos viver. Todo padrão de vida almejado é igualmente digno, seja morando em um *motorhome* enquanto viaja produzindo conteúdo, vivendo em puro luxo em uma mansão, residindo em uma casa própria no subúrbio ou até em um apartamento alugado em um grande centro urbano, a 5 minutos a pé do trabalho.

Quando não consideramos estas informações podemos nos deparar com uma realidade profissional que nos limita de viver o que gostaríamos. E como ocorre sempre que nos deparamos com toda e qualquer limitação, caímos no **ciclo da frustração**.

O ciclo da frustração é o bem simples:

Se você não rompe com este ciclo, ele vai continuar girando. Esta quebra acontece justamente quando você desperta e é honesto consigo. A partir daí, você tem que ceder ao ímpeto natural de tomar uma ação que resolve, mesmo que gradualmente, a primeira premissa: viver algo que é coerente com seus valores, seu propósito e ambições.

A **autenticidade** é uma peça chave até mesmo nesta ruptura, pois sem ela voltamos à estaca zero o tempo todo. Sem ser honesto com suas necessidades pessoais (intrínsecas e extrínsecas), você volta a se frustrar, e isto vai continuar acontecendo até que o ciclo se rompa.

Para modificar ou evitar o ciclo da frustração na relação do seu trabalho com suas ambições financeiras você tem que entender: que padrão de vida quer ter em 5 anos? Descreva com clareza e sinceridade o que você espera ter:

A) Pretende ter algum automóvel? Qual? Quantos?

B) Quer ter uma residência própria ou morar de aluguel? De que tipo? Onde? De qual tamanho?

C) Pretende ter filhos (biológicos e/ou adotados)? Quantos?

D) Quer investir em qualificação profissional (cursos, seminários, idiomas, graduação, pós-graduação)? Quantas? Onde? De quê?

E) Deseja viajar? Viagens internacionais ou nacionais? De quanto tempo? Com qual frequência?

F) Pretende casar?

G) Quer poupar ou investir em ativos? Quais? Quanto por mês?

H) Quer ter um plano de saúde?

I) Quer fazer em atividades físicas? De que tipo?

J) Deseja ter o hábito de sair para se divertir (cinema, festas, barzinho, boliche, restaurante, lanchonete, pedir comida em casa, ir à praia, etc)? Quais atividades? Com qual frequência?

K) Que coisas você sonha em adquirir?

L) Quer fazer alguma contribuição de caridade? Como?

M) Pretende ter animais de estimação?

N) Em que tipo de cidade pretende morar? No centro ou no subúrbio?

_____
_____
_____
_____
_____
_____
_____
_____
_____
_____
_____
_____
_____

Pense neste modelo de vida que você deseja e entenda: **qual renda mínima mensal que devo ter para manter esse estilo de vida que pretendo ter?**

_____

Esse tipo de análise ajuda a compreender o padrão de vida (o custo de ser quem você quer se tornar), para verificar se a carreira que você almeja pode atender a isso.

Curioso é ver que muitos tendem a pensar "Ah, Aline... Mas a minha carreira não é bem remunerada", "Os salários da minha profissão são pequenos" ou "Minha área de negócio não movimenta tanto dinheiro assim". Enquanto isso existem muitas pessoas que saíram da caixinha comum e ampliaram seus rendimentos sem trocar de área. É a mesma questão que já conversamos aqui algumas vezes: **as limitações são prioritariamente de mentalidade**, não de oportunidade.

Os professores, por exemplo, formam um grupo de profissionais que frequentemente são mal remunerados, trabalham em mais de um emprego, têm uma carga de trabalho muito grande, têm pouco reconhecimento e comumente sofrem grandes impactos na sua saúde física e emocional. Tanto que no Brasil somente 2,4% dos jovens com até 15 anos sonham em serem professores[3]. Porém, há professores que não tomaram para si esta referência de realidade. Distribuindo conteúdos na internet, por meio de cursos online, através de materiais com metodologias próprias, conquistam milhares de alunos

---

[3] PALHARES, Isabela. Só 2,4% dos jovens brasileiros querem ser professor. São Paulo: Estadão, 2018. Disponível em: <https://educacao.estadao.com.br/noticias/geral,so-2-4-dos-jovens-brasileiros-querem-ser-professor,70002364548>. Acesso em 4 de março de 2019.

online, dando acesso à educação de qualidade para quem não pode pagar a modalidade presencial e enriquecendo a bagagem do público em geral. A união da paixão com a vocação e das mídias digitais fez essas histórias ganharem força e reconhecimento em todo mundo como professores empreendedores e inovadores.

Eles poderiam optar por prestar um concurso para a rede pública ou distribuir currículos em escolas privadas, o que é mais comum. Contudo, há quem entenda que o caminho coerente para suas expectativas de futuro profissional e pessoal é diferente, e decida fazer uma aposta ousada e de sucesso.

Assim como estes casos, o que te priva de vivenciar o máximo da sua carreira? É uma ferramenta, um conhecimento em específico, um contato? Ou é simplesmente sua inclinação para a busca de oportunidades?

Entenda, definitivamente: oportunidades existem em todos lugares, para todos e todas. As pessoas que não conseguem encontrá-las com facilidade são as que estão mental, social ou culturalmente desfavorecidas. Pessoas que vivem em condições de extrema miséria, por exemplo, não têm conhecimento sobre muitas das chances que possuem de obter uma maior qualidade de vida, o que as limita agressivamente. Além disso, sua dignidade e direito à saúde vivem em níveis radicalmente perigosos. Contudo, a limitação de não ter a oportunidade de conhecer uma saída (cultural) e a expectativa de manter-se naquelas condições (social e mental) são os maiores agressores da sobre-existência daquelas pessoas.

Agora veja você, com centenas de bilhões de informações, cursos, contatos e oportunidades à disposição (há o suprimento cultural), em uma sociedade que valoriza quem se capacita e espera seu desenvolvimento (incentivo social) e aprendendo a usar sua mente ao seu favor... O que está fazendo com tudo isto?

Carreiras possíveis

Frequentemente nos limitamos a um número x de possibilidades, tanto por falta de conhecimento quanto por medo de explorar o que é diferente. No Brasil é comum pensar que ser funcionário de alguém e prestar concurso público sejam as únicas opções de carreira, restringindo as oportunidades e a autonomia da pessoa.

Ao prestar um **concurso público** você trabalha no emprego mais estável de todos: o Governo. Se você pretende servir à sociedade em serviços públicos ou com maior estabilidade, esse é um bom caminho. Mas devemos considerar também que neste caminho há pouca ou nenhuma mobilidade para outras funções e pouca evolução salarial. A palavra-chave é aqui é **estabilidade**. Se esta for uma prioridade pessoal para você, considere esta opção como algo possível.

Quando você é **funcionário privado**, você trabalha para alguém com um vínculo empregatício, garantindo alguma estabilidade e benefícios extra salariais que variam conforme a função e empresa. Nessa modalidade, você tem mais facilidade do que no serviço público para fazer um planejamento de carreira e ascender para cargos hierarquicamente e financeiramente mais bem posicionados (dentro ou fora da mesma empresa). No século 20 a empresa fazia todo o planejamento de carreira, pois era previsto que aquele fosse o único emprego daquele funcionário em toda sua vida, ou que no máximo haveriam uma ou duas transições. Hoje o jogo mudou e a bola volta para **você**. Este formato de carreira é ideal para quem não quer se arriscar em algo próprio, quer ter algum nível de solidez e almeja crescer.

Empreendedores são aquelas pessoas que dedicam seu tempo e dinheiro a colocar uma ideia em prática e oferecê-la ao mercado, seja um serviço ou produto. É um caminho incerto e instável, mas que propõe maior nível de identificação e autonomia no que faz.

Muita gente ainda atribui o título de empreendedor apenas a quem se dedica à criação de grandes empresas, mas na verdade ele se relaciona com todo tipo e tamanho de negócio. E empreender hoje está cada vez mais barato e fácil, principalmente com a difusão do acesso à internet. Existem, por exemplo, pessoas que abrem uma lojas no *Instagram,* vivem de *drop shipping* em plataformas de vendas online ou de produção de conteúdo, e obtém bons rendimentos financeiros com liberdade e satisfação. De toda forma, se **autonomia** for um valor importante para você, esta é uma excelente opção a ser considerada.

Os *freelancers* são aquelas pessoas que se mantém fazendo trabalhos de curta duração para várias pessoas sem nenhum vínculo empregatício. É a versão contemporânea do que antes chamava-se de "bico". Você pode fazer esses "bicos" em qualquer local e horário, desde que entregue no prazo solicitado e com qualidade. Essa é uma modalidade que tem crescido muito e hoje já corresponde à generosa fatia de 35% das carreiras nos EUA[4]. As vantagens? **Liberdade** e **novidade**: essas pessoas vivem conhecendo novos desafios, podem fazer seu próprio horário e escolher seu local de trabalho. Será

---

[4] MARKET WIRED. New Study Finds Freelance Economy Grew to 55 Million Americans This Year, 35% of Total U.S. Workforce, 2016. Disponível em: <http://www.marketwired.com/press-release/new-study-finds-freelance-economy-grew-55-million-americans-this-year-35-total-us-workforce-2164446.htm> Acesso em 15 de janeiro de 2019.

que é o tipo de trabalho que você gostaria de experimentar diariamente?

Acadêmico ou pesquisador é aquele que quer dedicar sua vida à prática de pesquisa, em uma universidade ou até mesmo em uma empresa. É um caminho que pede alta identificação com leitura, escrita, desenvolvimento científico e educação continuada.

Carreira militar é uma opção também pouco considerada, mas que vive no imaginário de muitas pessoas como ideal profissional. Se você tem a intenção de servir ao país com uma carreira estável e desafios de alto nível de risco, disciplina e responsabilidade, esta é ser uma opção a ser considerada para sua carreira autêntica.

Preparei uma tabela pontuando de 0 a 5 a identificação de algumas das jornadas profissionais com 4 pilares importantíssimos sobre os tipos de carreira (estabilidade, desafio, autonomia e variedade), de maneira generalista (existem exceções), para te ajudar a sintetizar as ideias:

ÁREA	ESTABILIDADE	DESAFIO	AUTONOMIA	VARIEDADE
SERVIÇO PÚBLICO	5	2	1	2
FUNCIONALISMO PRIVADO	3	4	3	4
EMPREENDEDORISMO	1	5	5	4
FREELANCER	0	5	5	5
CARREIRA ACADÊMICA	5	4	3	3
MILITAR	4	4	1	2

Estas são algumas das diversas possíveis carreiras, e as conclusões acima são breve conceituações generalistas (que não incluem exceções, baseadas na minha experiência e que podem variar por sub-áreas) sobre o que compreendemos de cada uma. Só de termos explorado opções diversas de rumo profissional, já avançamos bastante frente à rigidez do que é esperado de imediato pela sociedade.

É um requisito hoje ter a mente aberta a novas ideias, e isso inclui sua carreira. Você não precisa se decidir entre a dicotomia mercado de trabalho ou concurso público, pois existem muitas oportunidades de carreira além do convencional. Quem sabe a oportunidade que você busca não esteja em um pequeno negócio próprio? Ou dando aula? Ou vivendo como um nômade digital? Ou assumindo mais de uma forma de carreira paralelamente, sob um mesmo propósito? Às vezes limitamos muito nossa visão e perdemos um horizonte possível.

Hoje está sendo mais comum ver o empreendedorismo como uma possibilidade de carreira para todos, pois até pouco tempo um negócio próprio era tido como carreira de pessoas que nasceram em berço de ouro. Atualmente você pode começar seu império com o que você tem disponível, mesmo que sejam apenas suas habilidades e disposição.

Valores

Suas prioridades de vida - que chamamos no *coaching* de valores pessoais - norteiam os parâmetros da escolha do seu tipo de carreira. São sua bússola, direcionando suas escolhas. Entre nossos possíveis valores podem estar liberdade, desafios, estabilidade, crescimento contínuo, patriotismo, aventura, fama, riqueza, educação, compromisso com o outro e muitas outras opções.

Se, por exemplo, **família** é um valor prioritário para uma pessoa, ela provavelmente teria muita dificuldade em aceitar viver uma profissão que te afastasse dos familiares fisicamente ou qualitativamente, deixando de conviver com eles e apoiá-los diretamente. Alguém **patriota** vê sua vida uma oportunidade de servir ao país, e consideraria feliz um trabalho onde isso pudesse de alguma forma se cumprisse.

E os valores servem até para definir o tipo de empresa, sócio ou parceria com qual quer trabalhar: alguém muito preocupado com a **empatia** não trabalharia com um sócio que se mostra insensível com seus clientes e colaboradores, por exemplo.

Se você conhece desde já seus principais valores, tem claro que tipo de decisão contempla ao máximo seu estilo de vida, sem desrepeitar sua identidade. Há quem opte por uma profissão sem considerar esta questão e viva a se lamentar do trabalho que faz, torcendo para a hora do fim do expediente e das férias, a fim de superar momentaneamente a frustração em diariamente forçar-se a ser quem não é e trabalhar com o que não acredita.

Fazendo essa reflexão, circule abaixo os 5 valores que mais participam da sua vida, como critério para decisões:

PATRIOTISMO	SUCESSO	PONTUALIDADE
FAMÍLIA	FAMA	LEALDADE
DESAFIOS	FÉ	CONVÍVIO SOCIAL
CRESCIMENTO CONTÍNUO	EQUILÍBRIO	APROVAÇÃO SOCIAL
	AVENTURA	ABUNDÂNCIA
ESTABILIDADE	CONFORTO	ADAPTABILIDADE
COMPROMETIMENTO CONSIGO	SEGURANÇA	VIDA VARIADA
	HONESTIDADE	JUSTIÇA
COMPROMETIMENTO COM O OUTRO	RESPEITO	ORGANIZAÇÃO/ORDEM
	AUTONOMIA	PRECISÃO
AUDÁCIA	DIVERSIDADE	SUSTENTABILIDADE AMBIENTAL
COOPERAÇÃO	VELOCIDADE	
SIMPLICIDADE	ORIGINALIDADE	INVENÇÃO/CRIAÇÃO
PODER	PRUDÊNCIA	EXCLUSIVIDADE
ACESSIBILIDADE		

Agora se dedique a compreender e descrever como estes valores vão te influenciar (positiva e negativamente, porque **tudo**, absolutamente tudo, tem essas duas facetas). Note e anote como sua opção profissional toma forma a partir dos seus valores e quais os limites que você reconhece que não consegue transpor sem ferir sua satisfação pessoal:

_____
_____
_____
_____
_____
_____
_____
_____
_____
_____
_____

Consegue visualizar como eles têm grande influência sobre suas escolhas? Se você estiver consciente sobre seus valores, saberá tomar decisões mais autênticas e reduzir o nível de frustração profissional.

Profissão

Resgatando o exercício principal do capítulo anterior: Dentro daquelas atividade que você listou como as que você ama, sabe fazer bem e que o mundo pede ao mesmo tempo, quais podem virar uma carreira? Coloque-as na lista abaixo, indicando ao lado que profissão(s) seria esta:

AMO, FAÇO BEM E O MUNDO PEDE	PROFISSÃO CORRESPONDENTE

Após escrever essa lista, compreenda: Alguma dessas profissões pode atender ao estilo de vida que você descreveu?

Temos que ter a clareza de nossas ambições para compreender se elas são **realistas** (falaremos mais sobre isto no capítulo sobre planejamento). Às vezes elaboramos planos que não cabem na trajetória profissional que almejamos, seja pelo tempo, pela autonomia ou pelo dinheiro. Às vezes não visualizamos coerência entre o sonho de viver em um *motorhome* com o de fazer um concurso público, pois não a pessoa não teria autonomia para fazê-los simultaneamente. Escolhas pessoais influenciam muito no potencial de nossa carreira também, e você não pode mais desconsiderar isto.

O que fazer nesse tipo de situação conflitante? **Moldar** o estilo de vida ou a trajetória profissional até que as duas questões se encaixem e você se sinta feliz com o que vê. Em algum ponto você terá que ceder para não retorne ao ciclo da frustração e gire nele como em uma corrida de ratos.

AFIRMAÇÕES:

Não há nada de errado em falar sobre dinheiro.

É possível trabalhar no que amo e viver com o estilo de vida que eu sempre quis.

As limitações são prioritariamente de mentalidade, não de oportunidade

Capítulo 5

Quem você quer se tornar?

"O ponto de partida de qualquer conquista é o desejo"

Napoleon Hill

Lembra da metáfora que fiz sobre nossa vida ser um carro? O volante seria a parte correspondente ao atual estágio da trajetória deste livro. Tomar as rédeas do **direcionamento** do caminho é o que fazemos ao optar por um ideal de quem queremos ser. É a corajosa decisão de ser honesto consigo mesmo.

O problema é que partimos para essa decisão a partir de uma folha em branco, sem informações que nós ajudem a decidir. Se avaliarmos o tanto que produzimos até agora, descobriremos uma série de dados super importantes sobre você, concorda? Aprendemos que:

O que você ama fala da sua relação consigo mesmo(a).

O que você faz bem fala da sua experiência pessoal e profissional.

O que o mundo pede fala da nossa relação com as **oportunidades** de fazer o que adoraríamos fazer e fazemos bem.

O que gera dinheiro fala da chance de viver e se sustentar fazendo somente aquilo que nos faz levantar da cama **felizes** e dormir **realizados.**

Quantas pessoas vivem sonhos profissionais divergentes ou irrealistas, não se orientando para um plano claro que as ajude a atingirem a realização pessoal? Trabalho tem uma importante função de formação de identidade e na formação da satisfação, mas compreendemos-o ainda como uma obrigação. Enquanto houver esse tom de involuntariedade e de incoerência do que fazemos com nosso estilo de vida sonhado, haverá frustração.

Levantar estas questões e convergi-las nos dá a chance de evitar o ciclo da frustração advindo de sermos algo que definitivamente não queríamos ser. É como no clássico desenho da Disney, Tico e Teco: dois seres semelhantes que vivem em pé de guerra - nossa realidade vs. nossos objetivos - enquanto não se conciliam e vivem um propósito comum.

Um exemplo que muito me marcou foi o de Edward C. Barnes, o único sócio de Thomas Edison. Ele sabia claramente que sua visão de carreira era trabalhar **com Thomas Edison**, como seu sócio. Ele era um rapaz de poucos recursos, mas grande determinação: juntou o dinheiro que tinha e viajou em um trem de carga para pedir a Edison para ser seu sócio. Todos riram a princípio, mas Thomas Edison, o maior inventor da história, viu nele uma clareza de propósito e uma determinação que nunca antes vira.

Barnes recebeu a chance de trabalhar com o grande inventor como faz-tudo por um salário irrisório, já visualizando nesta oportunidade a chance que queria de conquistar a confiança de Edison.

Pouco tempo depois, Thomas lançou o ditafone, e todo seu time de vendas riu, dizendo que não havia viabilidade comercial neste produto. Barnes se voluntariou para esta missão e fez dela a sua grande chance: vendeu sete máquinas em menos de um mês, em seguida assumiu as vendas nacionais e, depois, veio a se tornar o único sócio de Thomas Edison, com seu nome marcado na história a partir do slogan do ditafone que dizia: "Feito por Edison, instalado por Barnes" [5].

Certamente a história de Edward Barnes é uma entre milhares que poderíamos contar aqui de como uma visão clara de seu propósito profissional pode

---

[5] História extraída do livro *Quem pensa enriquece*, de Napoleon Hill, que teve a oportunidade de entrevistar mais de 500 grandes ícones do início do século 19, incluindo o próprio Thomas Edison.

direcionar nossos recursos e abrir oportunidades. Essas referências reais ajudam a reforçar o valor das lições trazidas neste livro.

Para empoderar você de sua visão de futuro, irei te provocar a um exercício simples: definir o seu *avatar* profissional. Você tem aqui a missão de descrever abaixo, com o máximo de precisão, as características que deseja que sua versão profissional ideal tenha. Algumas perguntas podem te ajudar a fazer esta descrição:

COMO SUA MELHOR VERSÃO PROFISSIONAL SE VESTE? _____
_____
_____

QUAL A SUA POSTURA? COMO GESTICULA? _____
_____
_____

EM QUE TOM E RITMO DE VOZ FALA? _____
_____
_____

SOBRE QUAIS TEMAS FALARÁ? _____
_____
_____

QUE PROFISSÃO EXERCERÁ?_____
_____
_____

QUAL O TIPO DE INFLUÊNCIA SOCIAL QUE VOCÊ POSSUIRÁ?_____
_____
_____

QUAL SERÁ SEU CENÁRIO DE TRABALHO?_____
_____
_____

COMO VOCÊ ESTARÁ SE SENTINDO?_____
_____
_____
_____

QUER TIPO DE COMPETÊNCIAS VOCÊ TERÁ AMPLIADO OU DESENVOLVIDO?_____
_____
_____
_____

Laboratório de carreiras

As limitações são construídas. Você pode até pensar que não é possível trabalhar com o que realmente fala sobre a sua identidade, mas a verdade é que não existe escassez de oportunidades para ganhar dinheiro fazendo o que ama. O que geralmente existe é uma escassez de crenças que fortaleçam sua perseverança e forjem seu espírito para a ação.

Serei honesta: em nenhum momento posso te iludir e fazer acreditar que você irá conseguir o trabalho dos seus sonhos logo em seguida a esta leitura. Contudo, compreender quais suas intenções de carreira, saber como pode colocar em prática e viver diariamente fazendo escolhas que solidifiquem essa realidade antes sonhada te traz a vantagem de **amar o que faz** enquanto busca **fazer o que ama**.

Uma forma que essa trajetória pode acontecer é compreendendo como o seu propósito pode se conectar com o que você já faz hoje. Pode ser que você nunca tenha tenha parado para pensar, mas existem várias formas de exercer e praticar seu propósito pessoal, e o protótipo inicial pode nascer justamente de pequenas adaptações (muitas vezes mais de olhar do que de atividades) na sua realidade atual. Dessa forma, sua árdua tarefa diária como balconista pode se transformar, por exemplo, em um excelente ambiente de treino para sua jornada profissional como jornalista ao compreender esta atual função como laboratório para construir sua habilidade em contar histórias, dar informações e se conectar com pessoas. A jornada profissional não é linear. Você inicia muitas vezes fazendo o que não gosta e utiliza esta oportunidade como um laboratório de aperfeiçoamento ou um meio de conseguir a carreira almejada.

Se você ainda tem dificuldade em pensar o que seria seu ideal profissional, busque conhecer o que gosta e o que não gosta no que faz hoje e experimente novas oportunidades até chegar em algo que te brilhe os olhos. Uma das coisas que mais distancia as pessoas do seu autoconhecimento é a insistência em fazer as mesmas coisas do mesmo jeito, com o mesmo olhar. Quando você muda as configurações, amplia o tanto de você que é explorado e conhecido. Cada situação diferente revela um pouco mais de você. Experimente definir essas mudanças ressignificadoras abaixo:

_____
_____
_____
_____
_____
_____
_____
_____
_____
_____

Tudo que recebe atenção cresce, e se você começar a plantar desde já a semente de quem quer ser no futuro, verá uma colheita muito mais farta e com chances de ser antecipada.

E se eu não quiser seguir uma única profissão?

Há quem se identifique com mais de uma profissão e fique se martirizando por acreditar que há algo errado. Por causa de frases clichês superficiais que pregam "focar em uma única coisa" muita gente ainda acredita que precisa escolher um único caminho. Empreender ou trabalhar no mercado formal? Ser vendedor ou músico? Estudar história ou filosofia?

A grande sacada por trás desses clichês não é a de fazer uma única atividade (o que em si já possui uma viabilidade questionável), mas sim a de que **tudo que fizermos deve colaborar com um único propósito pessoal.** Hoje, tanto por necessidade quanto por perfil, há cada vez mais pessoas acumulando cargos, se descrevendo como alguém que é alguma coisa / alguma coisa / outra coisa. Essa é a ascensão moral do que muitas pessoas já faziam anteriormente, muitas vezes de maneira informal. Dessa forma, este modelo tem sido cada vez mais comum no meio profissional, mais aceito, e assim também tem sido mais cotado e planejado como opção, rompendo o paradigma das rotinas diárias e repetitivas de trabalho. Eu, Aline, não me imagino fazendo uma única coisa por uma grande parcela da minha vida. Prefiro a riqueza da variedade de formas de realizar meu grande propósito. Hoje me defino como *coach*, escritora, palestrante e empreendedora, mas há muitos outros títulos a adicionar em fases futuras, mas todas contribuindo a mesma visão de futuro. Qual a improbabilidade em manter-se entre atividades distintas que contribuem para o mesmo fim?

Armadilhas da multicarreira

Ter mais de uma profissão é possível, e já entendemos isso. Vimos que é uma alternativa para quem busca vida variada e para quem entende que precisa exercer mais de uma atividade para cumprir com seu propósito. Contudo, há grandes armadilhas neste caminho: a primeira é a tentação por **abraçar diversas atividades ao mesmo tempo e sem um propósito**, aceitando opções a esmo; e a cilada de **não visualizar as funções como complementares de um mesmo objetivo**.

Não dá para negar que abraçar o mundo com os braços pode ser tentador. Fazer várias coisas distintas ao mesmo dá a sensação de que somos imbatíveis, poderosos, de que podemos dar conta de tudo, mas a verdade é que as coisas estão bem fora do nosso controle e nos levando por uma estrada cada vez mais incerta. Há ainda quem se iluda acreditando que não ter filtros rígidos sobre suas escolhas amplia nossos horizontes, o que é verdade. Contudo, esta opção amplia-os tanto que perdemos o foco daquilo que é crucial.

Apesar de heroicizarmos as pessoas multitarefas por desbravarem as múltiplas estradas do trabalho, o horizonte real que é apresentado para as pessoas que caíram nesta primeira armadilha é caótico. As pessoas que acumulam atividades e responsabilidades indiscriminadamente começam a ter atividades, objetivos, conceitos e necessidades distintas competindo com os recursos limitados que possuem, incluindo o tempo. Imagine nosso tempo como um litro de água e as funções como potes: quanto mais recipientes competirem por nosso conteúdo, **menos** água podemos dar a cada um deles. O que resulta é um Frankstein de qualidade bem inexpressiva.

A segunda armadilha é uma falha automática, dada para nossa pouca experiência em fazer perguntas, em especial sobre nós mesmos(as). Neste contexto de multicarreiras que estamos falando, este automatismo nos faz reduzir nosso potencial ao somar atividades que não têm um objetivo em comum. Por exemplo, faz todo sentido para mim ser *coach*, escritora, consultora e mentora de carreiras, porque estas coisas se complementam em um mesmo objetivo de formar líderes autênticos, solidários, competentes e proativos. Não faria sentido, para meus propósito, satisfação e produtividade, ser outra coisa que desviasse-me daquilo que quero alcançar.

Agora, fique tranquilo(a). Se você optou por seguir mais de uma profissão ao mesmo tempo, pode sossegar, pois você não irá sair daqui sentindo-se alguém rumo. Como já conversamos, essa é uma prossibilidade de projeto de vida que, apesar de incomum, é totalmente viável. Para te ajudar a confirmar ou questionar essa sua opção e te ajudar a se livrar das armadilhas, tente entender os seguintes pontos:

- Como dividirei meu tempo entre estas atividades?
- Quais os prejuízos que obterei administrando várias funções em simultâneo? E as vantagens?
- Para qual propósito comum estas atividades estarão contribuindo?

Este terceiro ponto, em especial, é o antídoto para a segunda armadilha. Não dá para fugir destas questões, caso você tenha entendido que múltiplas carreiras seja seu caminho.

AFIRMAÇÕES:

Não preciso me limitar às opções convencionais de carreira.

Devo me identificar com o perfil da profissão que eu escolher.

Minha escolha de carreira deve estar totalmente alinhada ao meu propósito.

Capítulo 6

Preparando o solo

"Eu sofro da crença que todo produto da minha imaginação não é só possível, mas que fatalmente se tornará real"

Sean Parker

Até 70% da população em algum momento já sentiu que não merecia aquilo que almejava e muitas pessoas mantém esse pensamento[6]. Se você estiver refém desta imagem mental, você provavelmente tem o que é chamado na Psicologia de **Síndrome do Impostor**. A pessoa que está sofrendo dela vive sob um constante pensamento regulador de que não merecem coisas boas, mesmo que sejam frutos do trabalho delas. Essa visão limita a felicidade pessoal, bem como a ação em busca dela.

Pare para se analisar e identifique: você mantém este tipo de pensamento autodepreciativo? Se sim, rebata as justificativas que te levam a ele e se abra para a **abundância** que a vida quer te proporcionar.

---

[6] INSTITUTO DE HOMEOPATIA JAMES TYLER KENT; GRUPO DE ESTUDOS MASI ELIZALDE. A Síndrome do Impostor. Disponível em <http://ihjtkent.org.br/pdf/anexo-salixfragilis.pdf>. Acesso em 28 de Dezembro de 2018.

Retomando o exemplo de plantio que dei no fim do capítulo anterior, podemos enxergar nossa mentalidade como o solo que receberá esta planta: se o solo não estiver fértil, preparado para crescer, a planta não prospera. E mesmo que prospere, seus frutos não serão vistosos e fartos. Uma árvore só dá frutos correspondentes ao que lhe foi fornecido, incluindo o preparo do solo.

No dia que tomou posse da presidência da África do Sul, Nelson Mandela recorreu a um texto de Marianne Williamson que fala muito sobre essa autodepreciação:

> *"Nosso maior medo não é sermos inadequados. Nosso maior medo é não saber que nós somos poderosos, além do que podemos imaginar. É a nossa luz, não nossa escuridão, que mais nos assusta. Nós nos perguntamos: 'Quem sou eu para ser brilhante, lindo, talentoso, fabuloso?'. Na verdade, quem é você para não ser? Você é um filho de Deus. Você, pensando pequeno, não ajuda o mundo. Não há nenhuma bondade em você se diminuir, recuar para que os outros não se sintam inseguros ao seu redor. Todos nós fomos feitos para brilhar, como as crianças brilham. Nós nascemos para manifestar a glória de Deus dentro de nós. Isso não ocorre*

somente em alguns de nós; mas em todos. Enquanto permitimos que nossa luz brilhe, nós, inconscientemente, damos permissão a outros para fazerem o mesmo. Quando nós nos libertamos do nosso próprio medo, nossa presença automaticamente libertará outros." [7]

Quando nos libertamos, ajudamos outras pessoas a se libertarem também. Nossa energia é contagiosa: **infecta primeiramente o nosso futuro e depois o das pessoas ao nosso redor**. Se você tem um sonho de ajudar a fazer um mundo melhor, pode começar se permitindo a viver o que sempre sonhou, vibrando a energia mais autêntica e contagiante que você possuir.

Uma das premissas da Programação Neurolinguística (disciplina que estuda nossos modelos mentais e programação de nossos comportamentos) é a de que **"o mapa não é o território"**[8]. O que isso significa? O mapa é a nossa programação mental e o território é a realidade: da mesma forma que um mapa capta muitos elementos, mas não todo o território, nossos pensamentos nem sempre traduzem a realidade.

---

[7] WILLIAMSON, Marianne, *A Return To Love, 1992.*

[8] KORZYBSKI, Alfred. An Introduction to Non-Aristotelian Systems and General Semantics. Oxford: Science and Sanity, 1933.

Contudo, ainda assim o mapa orienta nosso caminhar sobre o território.

Pensamos que o mundo do trabalho é ameaçador e não oferece oportunidades, então caminhamos com incredulidade, desânimo ou permanecemos inertes. Qual o resultado? A vida se traduz dessa forma, pois é como caminhamos, mas não significa que ela seja de fato desta forma. Nós mesmo nos aprisionamos ao formato do nosso caminho.

Para complicar, muitas vezes justificamos nossa prisão mental com a ideia de que **ainda não estamos prontos** para fazer e ser o que queremos. Com isso, ficamos em um eterno ciclo de "preciso saber mais sobre isso para fazer isso" ou "preciso ser mais isso para começar a pôr tal sonho em prática" e então **nunca** começamos de fato. A verdade é que se você for esperar ficar pronto, irá esperar **para sempre**.

Se sua mentalidade não estiver preparada, você pode fazer cursos diversos, frequentar as melhores universidades, possuir os mais renomados mentores e *coaches* e ainda assim continuará protelando o primeiro passo.

Além da dificuldade de lidarmos com o brilho de nossas atribuições pessoais e profissionais, temos que aceitar o desafio TBC: **tirar a bunda da cadeira**. Agir é necessário para o sucesso do seu planejamento de carreira, e incomoda. E o primeiro passo é sempre o mais difícil, pois é quase sempre um tiro no escuro. Porém, se você estiver munido de um propósito claro e um planejamento eficaz, as chances do primeiro passo ser um grande salto é maior.

Quando você se empodera de si e do futuro que tem pela frente, gera uma energia mobilizadora enorme que destrava seu primeiro passo. E depois que você descobre o poder do primeiro passo para sua carreira, você nunca mais vai desejar ficar no mesmo lugar.

Quando preparamos o solo para uma planta, ela tem primeiro que superar o desafio da casca, romper seus limites físicos. Precisa matar a semente para dar origem à planta. Dói, pois é uma batalha interna constante até que o rompimento aconteça e comece a doer então outras partes que você nem conhecia em si para permitir que os galhos, folhas, flores e frutos surjam. Mas às vezes é necessário doer como nunca para não doer nunca mais.

AFIRMAÇÕES:

Sou abundante em potencial e oportunidades.

Só minha ação consistente e bem direcionada irá mudar minha realidade.

Desenvolver meu potencial me ajudará a contribuir com a vida de outras pessoas.

Minha mentalidade é regada de pensamentos que me direcionam para a abundância.

Minha energia infecta primeiramente o meu futuro e depois o das pessoas ao meu redor.

COMECE HOJE A SER QUEM VOCÊ QUER SE TORNAR AMANHÃ

Capítulo 6

Mirando no alvo

"Escolha uma ideia. Faça dessa ideia a sua vida. Pense nela, sonhe com ela, viva pensando nela. Deixe cérebro, músculos, nervos, todas as partes do seu corpo serem preenchidas com essa idéia. Esse é o caminho para o sucesso".

(Swami Vivekananda)

Barco sem leme: é o que somos sem um norte. Ele pode até navegar, mas certamente não será para o local que desejávamos chegar. E falar de planejamento de carreira e alcançar objetivos sem ao menos saber para onde realmente queremos ir é no mínimo uma incoerência moral. A este grande norte costumamos dar o nome - que já mencionei várias vezes durante esse livro - de **propósito**.

Propósito é uma palavra que vem do latim *proposĭtus*, que quer dizer:

> "1 Intenção de fazer ou deixar de fazer alguma coisa; desígnio, plano, projeto, vontade (...).
> 2 Decisão após consideração e várias possibilidades; deliberação, resolução (...).
> 3 Objeto que se tem em vista; meta, mira (...).

4 Bom senso; juízo, prudência, tino.."[9]

O propósito é o alvo. É a força mobilizadora alimentada pelas expectativas que temos para o nosso futuro a partir de quem somos e vivemos. É uma decisão convicta sobre nosso futuro. E quando falo sobre propósito ser uma **decisão** muita gente me pergunta se não seria, na verdade, "uma missão espiritual" imutável, própria da nossa natureza, essencial (no sentido que pertence à nossa essência), e que em um processo de autoconhecimento seria apenas revelada. Acredito, mediante tudo que vivencio como *coach*, que o propósito é realmente uma decisão. Temos essa avaliação por ser algo muito coerente com nossa identidade, mas se a vida nos entrega ou revela uma "missão" que por algum motivo rejeitamos (seja por medo, prioridade ou discordância de suas condições), não assumimos como nosso propósito. Ele deve ser aquele chamado para ação que fazemos a nós mesmos e aceitamos com convicção.

Certa vez li a história de um rapaz chamado Samuel. Ele era judeu e passou pelo horror dos campos de concentração nazista, sofrendo maus tratos psicológica e fisicamente até ser libertado e vir para o

---

[9] Fonte: Dicionário Michaelis. Editora Melhoramentos, 2015. Disponível em: <https://michaelis.uol.com.br/moderno-portugues/busca/portugues-brasileiro/prop%C3%B3sito/>. Acesso em 24 de fevereiro de 2019.

Brasil. Começou a trabalhar como vendedor ambulante e tinha um projeto em mente que lhe ardia o coração: ter um negócio próprio que atendesse pessoas com poucas condições financeiras. O povo do nordeste do país, em particular, o tocava muito por seu histórico especialmente difícil e pelo compromisso que eles tinham em honrar com sua palavra. E foi com um forte senso de propósito sobre este negócio e sobre a oportunidade que queria oferecer aos menos afortunados, especialmente aos nordestinos, que Samuel Klein construiu pouco a pouco as Casas Bahia, que hoje é uma das maiores redes de varejo do Brasil.

Propósito é o nosso sonho grande, e justamente por ser grande ele muitas vezes assusta. Samuel pode ter sentido medo em algum momento. A verdade é que nós, humanos, somos péssimos em dimensionar nossos limites: o céu não foi o limite para a curiosidade científica, mas desvendar e viver o máximo do seu propósito quase sempre gera insegurança. Acreditar em nosso propósito quase sempre demanda de uma fé em nós que nossa sociedade não nos ensinou a ter, atribuindo arrogância e egoísmo até mesmo ao saudável gesto de confiança nos nossos sonhos.

Acreditar em nosso propósito pode repercutir na vida de outras pessoas. Imagina quantas pessoas deixariam de ser direta ou indiretamente impactadas pelas Casas Bahia se Samuel tivesse desistido por medo?

O problema todo em não ter um propósito claro pode ser muito bem definido na frase clichê do filme *Alice no País das Maravilhas* que diz "Para quem não sabe para onde ir, qualquer lugar serve". Ter clareza sobre seu propósito é um princípio básico da alta performance, pois dá um norte para seus recursos. Ele é um referencial. Considerando isto, caminhar sem propósito quase sempre é uma jornada frustrante de **sucessivas incertezas** e **insucessos mal definidos**. É a sentença de viver sentindo que há algo errado, mas não saber bem o quê ou onde.

Se você sabe para onde quer ir, fica mais fácil de definir a rota mestra que orientará suas decisões seguintes e também de identificar quando você saiu do caminho. Assim como um arquiteto se guia por um projeto, um professor pelo plano de aula e um administrador se orienta pelo planejamento estratégico, nós nos direcionamos através do nosso propósito. Sem um referencial fica muito mais difícil construir alguma coisa.

Os japoneses atribuem ao propósito a definição de algo que identificamos durante todo o percurso deste livro: algo que você ama fazer, faz bem, o mundo pede e que você seja pago para fazer. É o que chamam de **Ikigai**, o seu **propósito profissional**. Ele é simbolizado da seguinte forma:

Estas respostas para encontrar o seu Ikigai não estão em manuais ou livros de autoajuda: estão em **você**. Pensando em todas as respostas que você encontrou e em todas decisões que tomou até agora, faça uma reflexão:

ONDE VOCÊ QUER CHEGAR DAQUI 5 ANOS? _____
_____
_____
_____

QUAL MARCA VOCÊ QUER DEIXAR NO MUNDO? _____
_____
_____
_____

QUE TIPO DE CONTRIBUIÇÃO VOCÊ QUER TER FEITO ATÉ O ÚLTIMO DIA DA SUA VIDA? _____
_____
_____
_____

O QUE VOCÊ FARIA COM A SUA VIDA, SE SOUBESSE QUE NÃO HAVERIA CHANCES DE FALHAR? _____
_____
_____

O QUE É QUE TE ASSUSTA UM POUCO, MAS QUE VOCÊ GOSTARIA MUITO DE REALIZAR? _____
_____
_____

O QUE, NO FIM DA SUA VIDA, VOCÊ TERIA MAIS LAMENTADO CASO NÃO TIVESSE FEITO? _____
_____
_____

Se você tivesse que escolher uma única missão profissional para sua vida, qual seria? O quê toca seu íntimo e que você gostaria que fosse o grande marco da sua carreira? O que você alcançaria e valeria por toda sua jornada profissional? Coloque, de maneira ao máximo precisa, essa resposta no quadro abaixo

Meu propósito é:

Compreender a contribuição que você quer realizar com sua existência é um passo fundamental para definir sua trajetória pessoal e profissional. Tudo passa a se encaixar e nossas decisões começam a ter um norte claro, um parâmetro que oriente.

O propósito profissional como conversamos aqui durante todo este livro, é a chance que temos de ser, ter e fazer ao mesmo tempo, respeitando a integralidade de quem somos e a única chance que temos de fazer da nossa vida algo que gostaremos de relembrar.

Passamos em média ⅓ ou mais da nossa vida adulta trabalhando, e por isso é tão importante alinhar seu propósito com sua vida profissional.

AFIRMAÇÕES:

Minha vida é guiada por um propósito muito claro.

Meu propósito é maior do que os obstáculos no meu caminho.

Capítulo 7

Tenha um planejamento

"Metas: ou você bate, ou você apanha."

(Autor desconhecido)

Sabe quando alguém sai de casa sem rumo, apenas na intenção de desfrutar um passeio? Provavelmente você já fez isto ou já acompanhou alguém que o fez. O espírito aventureiro está no auge da sua empolgação, a curiosidade está à toda e esta pessoa pode descobrir coisas incríveis no caminho, mas a tendência é de que ela não chegue a lugar nenhum **em específico**. Correto?

Sabendo que você tem a intenção clara de alcançar a carreira autêntica que estamos definindo em conjunto neste livro, chegar a "lugar nenhum em específico" não é uma opção. Mas isto é exatamente o que fazemos sempre que não definimos uma rota de ação clara para nossa vida. O espírito aventureiro é ousado, mas se torna imprudente se não é acompanhado de um mapa local ou uma rota de trajetória.

Ninguém com objetivos de viagem traçados compra uma passagem sem local definido. Por que você admitiria então que sua vida voasse de maneira desgovernada? Para tomar as rédeas deste grande veículo que é a sua vida, você precisa traçar um plano de vôo, dar um direcionamento ainda mais fino para seus objetivos profissionais.

O primeiro passo para começar a gerir sua **eupresa** - a maior empresa que existe: sua vida - é definir exatamente onde quer chegar. A este local de aterrissagem damos o nome de propósito, que é sua missão, aquilo que dá rumo para seus dias. Falamos bastante sobre ele no capítulo "Mirando no Alvo". Este propósito é o ponto norteador de um planejamento que fazemos, e não o ponto final. É o que orienta o planejamento da nossa vida para alguma direção em específico.

Uma forma eficiente de construir metas reconhecida mundialmente é o modelo de metas SMART, que são caracterizadas por serem: **Específicas** (S), **Mensuráveis** (M), **Atingíveis** (A), **Relevantes** (R) e **Temporais** (T). Segundo este modo de planejamento, estas são as características de uma meta com maiores chances de se concretizarem.

Especificar (S) uma meta significa torná-la mais clara através de um detalhamento maior. Por exemplo, se você deseja criar um hábito de leitura, descreva **quantos** livros você quer ler por mês e quanto tempo quer dedicar diariamente à leitura. Se seu objetivo é se mudar, identifique qual tipo de residência quer possuir, se será própria ou alugada e em qual região será. Quanto mais detalhes, melhor. Sua meta tem que deixar claros os seguintes pontos:

- O que eu quero alcançar com essa meta?
- Quem será ou quem serão os responsáveis por ela?
- Onde ela será realizada?
- Como ela será conquistada?

Uma meta **mensurável (M)** é aquela que você pode criar critérios de identificação para verificar se ela está sendo atingida. Esses meios de medição têm que ser ao máximo claros para facilitar a indicar seu sucesso.

Uma excelente forma de mensurar sua meta é descrevendo o que você quer alcançar e em quanto tempo. Quando seu objetivo é falar bem em público o seu indicador pode ser, por exemplo, conseguir expor suas ideias em uma reunião de trabalho, na apresentação do seu TCC ou no culto da igreja sem gaguejar e sem dar branco em até 4 meses.

Objetivos comportamentais, como este de falar melhor em público, são mais difíceis de mensurar em comparação a metas mais objetivas, como juntar uma determinada quantidade de dinheiro. Contudo, além de possível, é extremamente importante atentar à mensuração da nossa evolução. Se, por exemplo, você determina 4 meses para seu objetivo, mas alcança-o em 5 meses, você tem que entender porque seu ritmo de realizações está abaixo do esperado e como pode se desafiar.

Sabe aqueles objetivos irreais e fora do contexto? São justamente o oposto das metas **atingíveis (A)**. Morar em Marte até o mês que vem é um objetivo que - até este livro ser lançado - não é possível de ser alcançado. Costumamos às vezes ter sonhos distantes da realidade, alimentados por pouco conhecimento sobre si e sobre as condições e recursos que possui. Para ajudar no julgamento sobre o potencial de realização de suas metas tente responder às questões abaixo:

- Tenho os recursos necessários para atingir este objetivo?
- Se não possuo, posso conseguí-lo?
- Existe alguma condição externa que pode me ameaçar a realização da minha meta?

Se você quer eficiência nos seus resultados, tem que ser ao máximo realista quando as chances de seus objetivos se materializarem. Contudo, como disse o cineasta James Cameron, "Se você traçar metas absurdamente altas e falhar, seu fracasso será muito melhor que o sucesso de todos".

Relevantes (R) são as metas que além de alcançáveis, têm um senso de porquê. São objetivos que têm um propósito para serem realizados, e não apenas por uma regra social automatizada. Esse é um adjetivo que tem que ser levado muito a sério quando se fala em planejamento de carreira, pois - como já falamos - há muita gente fazendo opções pouco autênticas sobre seu futuro profissional, levando a muita frustração e desmotivação.

Neste caso, ao invés das nossas escolhas serem orientadas pela pressão social, ela tem que partir de uma íntima identificação com a composição desta jornada.

Por último, mas não menos importante, suas metas precisam ter data para serem concluídas - elas têm que ser **temporais (T)**. Se você quer abrir seu negócio, é importante determinar até quando você quer fazer isto, para então se preparar para que o objetivo seja alcançado.

Colocando em prática o que aprendemos, como você descreveria cada uma das características da sua meta SMART profissional?

S _____

M _____

A _____

R _____

T _____

A importância desse exercício reside na clareza que você adquire sobre seu objetivo, determinando especificamente o que é, como identificar que ele for alcançado, se ele é possível, se é realmente importante para você e até quando deve acontecer. Você deixa de andar em círculos, procrastinando o início da sua nova jornada, e recebe um caminho tracejado, que orienta seus novos passos.

E sabendo que você quer atingir a meta SMART profissional que acabou de descrever, vamos agora discriminá-la em etapas, de acordo com o que chamo de **método escadinha**. Visualizar uma meta grande é assustador e gera lentidão o processo de execução, mas dividi-la em metas menores nos estimula. É mais fácil e mais instigador alcançar pequenos objetivos que nos levam a um resultado grande do que pensar na execução de algo em dimensões colossais.

No método escadinha, sua missão é a seguinte: dividir sua meta SMART em objetivos menores.

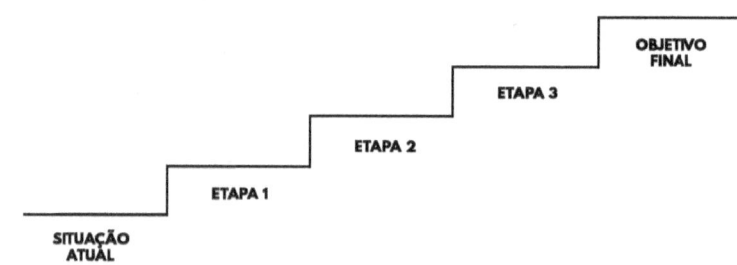

Minha sugestão é que você preencha primeiro a sua situação atual e onde quer chegar no objetivo final, seguindo os princípio das metas SMART. Em seguida comece a caminhar de trás para frente, da etapa final até a inicial, se perguntando sempre "Qual é o passo anterior?".

Por exemplo, como seria a escadinha de alguém que quer ser policial federal e é um(a) jovem recém formado no ensino médio?

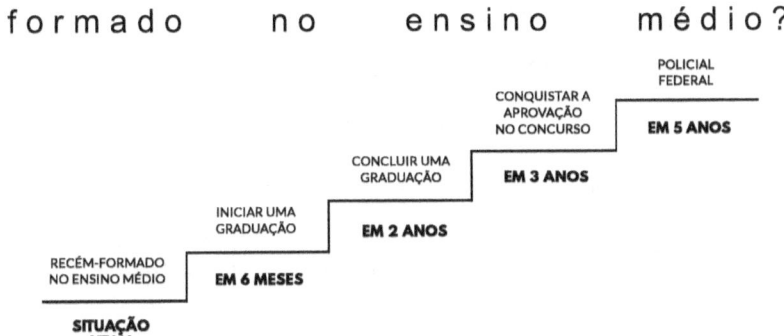

Esta referência "de trás para frente" facilita a divisão do objetivo em etapas e deve ser feita sempre de forma a serem específicas, mensuráveis, atingíveis, relevantes e temporais.

Além de ganhos na realização, sua motivação também é levantada com o método escadinha. Nosso cérebro é movido por recompensas, e elas - mesmo que pequenas - nos impulsionam a prosseguir fazendo algo ou seguindo algum planejamento. Cada pequena etapa superada gera um novo gás para você, lhe inspirando a prosseguir firme em direção ao que planejou.

AFIRMAÇÕES:

Estou progredindo, etapa por etapa, em direção ao meu propósito profissional.

Meus objetivos são claros, realistas, mensuráveis, têm um prazo para acontecer e um forte senso de propósito.

Reconheço a importância de planejar meus objetivos.

Tenho uma visão clara sobre onde quero chegar.

Capítulo 8

Quando trabalhar com o que ama não for a primeira opção

"A única forma de fazer um grande trabalho é amar o que você faz."

(Steve Jobs)

O mundo está superlotado de pessoas automáticas, vivendo mais do mesmo. Temos falado muito sobre isso e sobre como encontrar seu propósito e vivê-lo é libertador, contudo, nem toda pessoa consegue ter a honra de trabalhar com o que ama. Qual a saída para este tipo de situação?

Pode ser que por condições financeiras, por uma necessidade emocional de estabilidade ou por outros tipos de pressões externas você não possa simplesmente trocar de trabalho hoje, após descobrir seu propósito profissional. Isso é perfeitamente compreensível. Contudo, nossa intenção é te levar a vivenciar ao máximo da sua identidade profissional. Para compreender como podemos te transportar até lá, vamos retomar à raiz do **Ikigai**. Ele é o ponto de encontro entre o que amamos fazer, fazemos bem, que tem oportunidades e sustentam seu estilo de vida. Na falta do amor pela sua atividade atual, você pode sentir-se confortável pela estabilidade profissional, garantia financeira e por dominar seu trabalho, mas sempre vai haver um vazio. Sempre vai restar aquela falta de identificação e um "ainda não é isso que me motiva", e esse sentimento pode ser bastante angustiante.

Neste tipo de situação a saída é entender como seu propósito pode se conectar com seu atual trabalho, vendo-o como **caminho** ou **ponto de adaptação.** Vamos entender isso juntos.

Experiência atual como caminho

Há uma lacuna entre seu atual trabalho e o que você quer realizar. Você sabe claramente o que é esta lacuna? Compreendê-la nos ajuda a direcionar melhor nossos planos, então use o espaço abaixo para marcar com X as opções que correspondem ao campo(s) da lacuna e pontuando do lado o tipo. Pode ser?

( ) FINANCEIRO. FALTA _____

( ) COMPETÊNCIAS COMPORTAMENTAIS. FALTA _____

( ) COMPETÊNCIAS TÉCNICAS. FALTA _____

( ) ESTRUTURA FÍSICA DE TRABALHO. FALTA _____

( ) TIME. FALTA _____

( ) OUTROS. FALTA _____

Compreendendo essas lacunas, pensa comigo: **como seu atual trabalho pode te ajudar a alcançar ou desenvolver essas coisas?** Seja proporcionando renda para alcançá-las ou servindo de laboratório para x competência, ele pode servir como **caminho** e **escola** para te ajudar a chegar lá.

Nossa ansiedade de viver o que amamos pode nos afastar desta realização por não permitir que avancemos fase a fase em direção ao que almejamos. Então, respire fundo e responda a esta pergunta feita anteriormente com a ótica de que **tudo, absolutamente tudo, pode ser ou se tornar benéfico**.

Um exemplo interessante é de uma cliente, que trabalhava como atendente de uma loja de shopping e sonhava em ser publicitária. O que ela fez? Além de pagar a faculdade com o salário que ganhava, aproveitou o trabalho para desenvolver suas habilidades de comunicação, de vendas, de empatia (para entender o cliente) e suas noções de mercado. Depois de algum tempo, esta cliente se especializou em Publicidade para a área fashion. Bacana, não?

Esta visão, além de contribuir para seu desenvolvimento pessoal e profissional, vai te dar maior gás para vivenciar esta fase com o máximo de riqueza. Como já abordamos outras vezes neste livro, trabalhar com algo em que você não tem fé ou paixão é angustiante. Calcifica a alma.

Ressignificação

Vamos então **ressignificar** a sua experiência atual. É necessário então compreender o que ela te traz de positivo e o que ela desenvolve em você.

PONTOS POSITIVOS	DESENVOLVE EM MIM

Tirando o foco do que há de negativo, você consegue enxergar os potenciais nesta experiência. Já que você precisa passar por ela, que esta seja uma oportunidade incrível e um trampolim para as realizações seguintes. Ressignificar é isso: trocar o sentido atribuído a algo ou alguém. Se você descobriu o seu sentido de vida, tem que mudar a forma então como enxerga ele dentro desta fase.

Experiência atual como ponto de adaptação

Você está tentado (a) a permanecer neste atual trabalho, mesmo após isso tudo que conversamos? Então vamos estipular no que essa decisão trará para você, a fim de te auxiliar a compreender os impactos desta tomada de decisão.

O primeiro ponto a compreender é: **como sua vida hoje está, sob a influência desse trabalho atual?** Pode até possuir suas vantagens, mas se você buscou este livro é porque certamente sua atual carreira deixa alguma lacuna de sentido que te incomoda. Algo fica faltando, não é mesmo?

Como sua vida social, familiar, sua saúde física, emocional e financeira estão diante desta fase profissional? A Roda da Vida é uma ferramenta muito popular entre a área de desenvolvimento pessoal e que pode te ajudar a visualizar como essa influência pode estar pesando sobre você. Assinale, de 1 a 10, qual seu nível de satisfação sobre cada uma das áreas da roda abaixo:

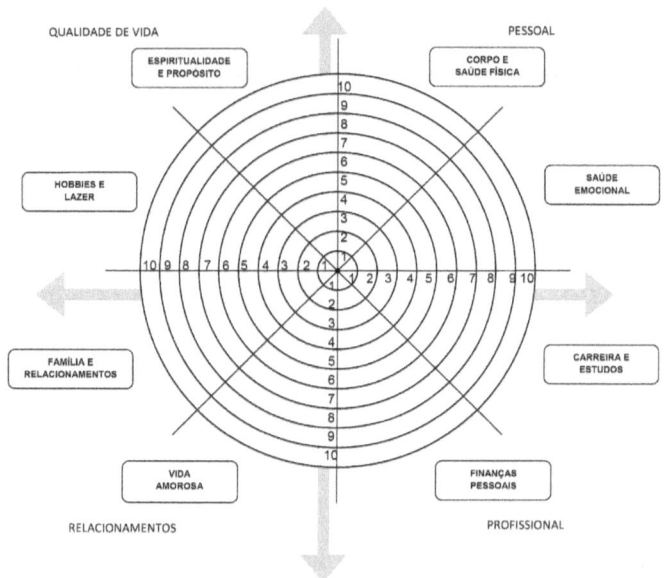

Quais foram os pontos mais fortes da sua roda? Elas apontam as possíveis prioridades de investimento na sua vida hoje, as áreas que têm maior atenção e cuidado. Por outro lado, **aquelas áreas mais mal avaliadas** são as que apontam a urgência de uma ação sua para mudá-la. É importante dizer que a **satisfação** que sentimentos é baseada nas nossas prioridades no momento, então se você está focado(a) na promoção do emprego, na entrega do TCC ou na conquista de hábitos mais saudáveis, seus parâmetros vão estar voltados para isto. O problema é que cometemos sempre o erro de acreditar que somos apenas uma área da vida. Que só o trabalho, só o casamento ou só os estudos bastam. Mas somos integralidade, e todas áreas importam, variando o peso delas conforme as necessidades do momento.

É importante usar estes dados da Roda da Vida para entender: seu atual trabalho te ajuda a ser mais equilibrado(a) ou desestrutura outras áreas de sua vida, como o equilíbrio emocional? Ele está te influenciando a desenvolver-se intelectualmente e sentir-se satisfeita com sua carreira? Ou você tem sido indiferente quanto a ele?

Você se sente feliz com o que vê na Roda da Vida? A nossa vida não é ao trabalho, mas é altamente influenciada por ele, afinal de contas, ele toma grande parte do nosso tempo e energia, além de ser formador de identidade e satisfação.

Pensando no seu **propósito profissional** e nas respostas que encontramos na Roda da Vida, discrimine no quadro abaixo quais são os pontos de ganho e de perda, tanto para mudar de carreira quanto para permanecer no trabalho atual. Fale com sinceridade sobre o que te agregaria e o que seria subtraído com ambos cenários, considerando todos âmbitos da sua vida.

O QUE VOCÊ GANHA SE MUDAR	O QUE VOCÊ GANHA NO TRABALHO ATUAL
O QUE VOCÊ PERDE SE MUDAR	**O QUE VOCÊ PERDE NO TRABALHO ATUAL**

Se sua atual carreira tiver sido pontuada como fonte prioritária de perdas, reconsidere sua permanência. Tudo que vivenciamos tem que ser instrumento de desenvolvimento para nós e de impacto para o mundo, e caso toda essa resposta da sua carreira tiver maior impacto positivo estiver pesando para o lado da mudança, é a hora de repensar.

Minha intenção aqui é te provocar a **questionar** o impacto que sua atual carreira tem gerado na sua vida para que você tome decisões menos automáticas. E para isso temos que abandonar o pensamento conformista de que a vida é assim mesmo e que "isso nunca vai mudar". Não adianta usar as ferramentas mais apropriadas se você não se sensibiliza com o que encontra nelas.

Se você entender que seu melhor caminho passa pelo local onde você está, maravilha! Fazemos os ajustes necessários e seguimos firmes. Se seu Ikigai não se encontra no que faz hoje, é preciso coragem para mudar.

AFIRMAÇÕES:

Meu estado atual não determina meu futuro.

Eu tenho autonomia para escolher.

Capítulo 9

Comece hoje com o tem

"Comece de onde você está. Use o que você tiver. Faça o que você puder"

(Arthur Ashe)

Você já conheceu alguém que está constantemente adiando o início de algo muito importante para sua vida, dizendo que não tem recursos para fazê-lo? Esta é uma realidade tão comum, que essa pessoa pode ser até você. "Agora não vou abrir meu negócio porque não tenho dinheiro", "Não vou procurar emprego porque não tenho competência" ou "Vou começar a estudar para este concurso no próximo semestre, porque ainda não posso comprar as apostilas".

Como falamos no capítulo sobre o que você sabe fazer bem, temos um modelo mental cultivado prioritariamente na infância pelas influências que tivemos à época e que nos faz acreditar em premissas que podem nos acelerar ou limitar em diversos aspectos. Se você foi ensinado e acredita verdadeiramente que dinheiro é algo sujo, você vai passar toda a sua vida correndo das oportunidades de ser abundante financeiramente (gastando compulsivamente, sabotando oportunidades de ganhos grandes, desacreditando em si, etc), mesmo que isso não seja consciente.

Pode ser que sua mentalidade seja **o único impeditivo** hoje para que você dê início à sua jornada profissional. Pode ser que suas crenças limitantes estejam ampliando os resultados que te trazem frustração. Neste sentido, um trabalho cuidadoso de auto análise, verificando quais são as justificativas que empregamos para não darmos o pontapé inicial, é crucial para não ficarmos na estaca zero.

Com o advento dos novos modelos profissionais impulsionados pelas novas tecnologias, vieram facilidades ímpares para fazermos o que quisermos, desde de fazer uma ligação gratuita via *web* para uma pessoa distante, quanto para abrir um negócio sem ter um mínimo tostão. Mas não só a internet cabe como ferramenta para impulsionar carreiras. Tudo que você possui te dá um nível de subsídios para iniciar de imediato a colocar o seu planejamento profissional em ação.

O que você tem para começar hoje?

Supondo que nesta altura do livro você já sabe qual seu objetivo profissional, passamos agora para a fase de **reconhecimento**, onde vamos verificar tudo que você já possui para começar a agir.

Somos habituados a ver apenas o que falta, apenas o que há de negativo, e esta visão costuma desestimular a jornada dos futuros profissionais. Nenhum pianista de sucesso nasceu sabendo tocar, então porque você teria que possuir hoje tudo que é necessário para ser o melhor no que você faz?

Nosso próximo exercício vem para ressaltar o que você tem dentro das competências necessárias para ser o profissional que está se tornando hoje. Um modelo muito utilizado mundo afora é o das competências CHA, onde o "C" se refere ao que você tem que conhecer e saber descrever (cursos e especializações são formas de obter os conhecimentos, então aqui têm que ser descritas as coisas aprendidas neles), o "H" compreende o que você sabe **fazer** e o "A" são as tendências comportamentais, valores e tudo que constitui seu jeito de ser. Contudo, falando em carreira, esse modelo deixa passar um aspecto que de acordo com minha experiência como *coach* considero extremamente importante: os **recursos**.

Os recursos seriam justamente as coisas materiais que você precisa ter: Não dá para fazer um brechó sem itens usados para a revenda, é difícil dar aula sem uma espaço (físico ou virtual) que comporte esta atividade, não dá para cortar cabelos sem uma tesoura e nem se consegue vender picolés sem ter o mínimo de produtos e sem algo que os armazene e os conserve. E essas coisas muitas vezes estão dentro da nossa realidade de vida, sejam coisas que já possuímos ou que podemos conseguir, seja investindo do próprio bolso, por empréstimo ou por parcerias.

Pensando na sua carreira almejada e nestes quatro aspectos, identifique o que é a sua realidade hoje: os conhecimentos, habilidades, atitudes e recursos que você já possui para iniciar sua jornada profissional.

REALIDADE			
C	H	A	R
CONHECIMENTOS	HABILIDADES	ATITUDES	RECURSOS
"Eu entendo sobre..."	"Eu sei fazer..."	"Eu me importo com..."	"Eu possuo ou posso Conseguir.."

Este CHAR que você possui hoje faz parte da **primeira versão** da sua carreira, do seu primeiro degrau da escadinha. E como tudo na vida, sua profissão pode ser ampliada e ganhar aprimoramentos. Após compreender o que você já possui para iniciar, cabe agora entender o que você vai conquistar para ir alavancando sua carreira. Como o empreendedor Jim Rohn afirmou, "Se você não está disposto a arriscar, esteja disposto a uma vida comum".

Uma das coisas mais importantes que possuímos quando se fala em vida profissional é nosso **networking**. Falamos um pouco sobre no capítulo sobre Oportunidades e entendemos que todo mundo que está no meu ciclo social faz parte do meu networking, correto? Então vamos pensar: quais pessoas podem me ajudar a alcançar meus objetivos?

Tente inscrever no desenho abaixo quais seriam essas pessoas, colocando no círculo central as pessoas que têm um relacionamento próximo com você, e no círculo externo aquelas que você ainda não tem tanta proximidade.

Pense nas pessoas que podem te apresentar a alguém, seja cliente ou contratante, ou a algum evento, empresa ou oportunidade de carreira. Toda e qualquer pessoa que some ao seu objetivo SMART profissional.

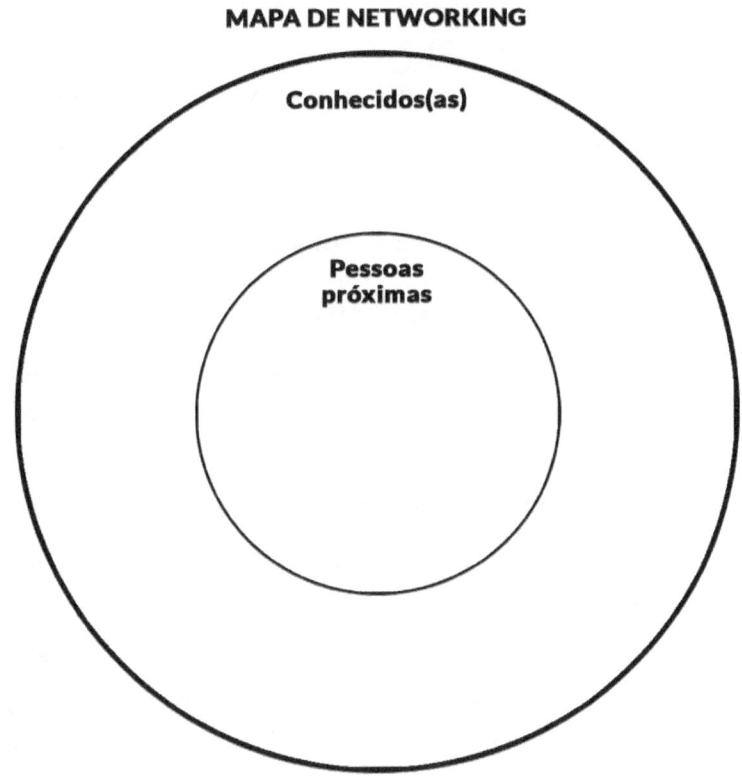

Pensar desde já nas próximas versões da sua vida profissional pode ser um excelente plano de escala que vai te orientar sobre como você pode ir além do que vai iniciar hoje. Como havíamos conversado há pouco, nenhum pianista nasce sabendo tocar. Ele começou como qualquer pessoa, sem talento algum para piano, e foi gradualmente aprendendo, adquirindo um instrumento mais simples, depois prosseguindo para um de maior qualidade e assim por diante. Houve um ponto de partida aperfeiçoado. As competências em geral podem ser desenvolvidas e precisam ser constantemente renovadas e atualizadas, pois o mundo não pára de evoluir e se tornar cada vez mais complexo.

Uma das sacadas que mais fez com que eu expandisse meu horizonte de competências foi **aprender sobre coisas além da minha área**. Como assim? Sou uma especialista em constante aprendizado na área de desenvolvimento humano e tenho como missão provocar líderes autênticos, competentes e solidários, mas não me atenho a absorver conteúdos e experiências em gestão de pessoas e psicologia, por exemplo. Pedagogia, psiquiatria, neurologia, negócios, cinema, games e outras tantas áreas participam do meu "campo de curiosidade", somando à minha perspectiva profissional. Vamos pensar esta ideia de maneira mais visual:

CAMPO DE CURIOSIDADE DE ALINE

Áreas afins
- Marketing
- Neurologia
- Jornalismo
- Psiquiatria
- Sociologia
- Administração
- Filosofia
- Tecnologia da Informação
- Educação (Pedagogia e Andragogia)
- Games
- Cinema

Áreas centrais
- Psicologia
- Gestão de Pessoas

A área central são os campos mais comuns e previsíveis ao tema que me interesso. A região periférica, de áreas afins, corresponde a tudo aquilo que pode somar à minha missão, para além das fronteira das Psicologia e da Gestão de Pessoas.

Estudar apenas uma área é como comer exatamente o mesmo prato de comida em todas as refeições: você pode até se manter alimentado, mas sua nutrição fica deficiente. Assim como nosso corpo, nossa mente e nosso projeto de vida necessitam de variedade de *inputs*. Essas áreas "extras" são as que me dão um salto de competências e oportunidades frente a profissionais que se habilitam no formato "dentro da caixa". Ter experiências nestes meios me faz ter *insights* diferentes do padrão e aperfeiçoar meu trabalho sob novas óticas.

Vale ressaltar: o campo de curiosidade que acabamos de ver tem o título "Campo de curiosidade de Aline Cavalcante" justamente porque ele é delineado pelo meu propósito e minha missão profissional. O seu campo tem que se orientar pelos seus próprios parâmetros, ok? E o campo é formado por tudo que você acredita ser importante para desenvolver seus objetivos, incluindo áreas que você não costuma absorver regularmente.

Agora vamos lá, colocar em prática. Preencha seu campo de curiosidade abaixo com todas as áreas de conhecimento que são importantes para o seu planejamento de carreira:

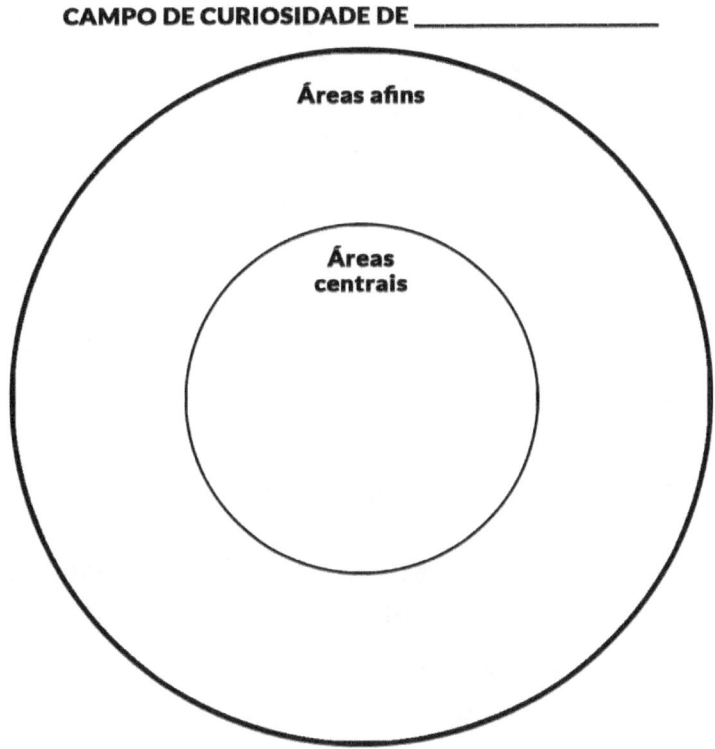

Suas versões seguintes correspondem a melhorias nos quatro aspectos do CHAR, incluindo também itens que se relacionam com o que está no seu campo de curiosidade, mas ainda não foi adquirido.

PRÓXIMAS CONQUISTAS			
C	H	A	R
CONHECIMENTOS	HABILIDADES	ATITUDES	RECURSOS
"Eu entendo sobre..."	"Eu sei fazer..."	"Eu me importo com..."	"Eu possuo ou posso Conseguir."

Planejamento de versões

Toda carreira passa por aperfeiçoamentos, seja por meio de aprendizado prático, capacitações ou novos desafios funcionais. Se você chegou até aqui, é porque realmente está em busca da sua alta performance profissional, e um princípio do desempenho de excelência que já aprendemos e exercitamos bastante é o planejamento. Suas melhorias, como todo objetivo, podem também ser planejadas para que você visualize uma estrada de melhoria contínua (que começa hoje), e te instiga da maneira mais autêntica possível.

Iniciamos a pouco a compreender quais campos de curiosidade você possui. Entendendo quais são as coisas que você quer aprender ou conquistar, vamos dividi-las em três versões de carreira, conforme você quer e acredita que deve ser seu progresso profissional.

É importante colocar **prazos** para suas versões, pois - assim como vimos ao falar de metas SMART - a temporalidade aperfeiçoa o compromisso. A ideia é que sejam metas desafiadoras e realistas, para tirar você da versão atual para a sua melhor versão profissional.

	1ª VERSÃO HOJE (__/__/____)	2ª VERSÃO __/__/____	3ª VERSÃO __/__/____
C			
H			
A			
R			

Pessoas confiantes do que querem e do seu potencial de realização começam hoje com o que têm. Como diria meu colega de trabalho, o palestrante e mágico Roberto Montanha, "dê o seu melhor mesmo que os recursos não sejam os melhores".

Quem adia a realização das suas grandes metas adia também a chance de viver a satisfação promovida por elas.

AFIRMAÇÕES:

Tenho as condições necessárias para iniciar minha trajetória de sucesso.

Estou diariamente me preparando para desenvolver melhores versões de mim.

Minha mentalidade é rica e impulsiona meu caminho de sucesso.

METAS CLARAS LEVAM A TÁTICAS EFICIENTES E RESULTADOS GRANDES

Capítulo 10

Âncora motivacional

"Quando estamos motivados por metas que têm significados profundos, por sonhos que precisam ser realizados, por puro amor que precisa se expressar, então nós vivemos verdadeiramente a vida."

(Greg Anderson)

Uma prima muito querida passou alguns anos tentando passar no vestibular para o curso de medicina. Ela já fez cursos preparatórios, novos métodos de estudos e até já tentou estudar mais tempo por dia, mas ela compartilhou comigo a tática que fez a diferença na sua produtividade: ela colocou um mural ao lado da sua escrivaninha com a foto de uma médica e o rosto dela colado sobre a sua cabeça. Isso faz com que ela - toda vez que olhe para a imagem - se projete naquela profissão e lembre do seu objetivo e do porquê o escolheu.

Este recurso que minha prima utilizou se chama **âncora motivacional** e pode impulsionar sua motivação para a persistência e a disciplina no seu planejamento. Ele lembra o propósito que orienta sua ação e impulsiona seu resultado. Este recurso é extremamente importante para manter nossa performance em uma jornada autêntica, pois toda ela tem uma fase de estabilização, que podemos chamar de **queda**, onde o ânimo espontâneo cai e você tem que ter o que te motive a não parar. Certamente você já passou por isso em algum momento, não é mesmo?

Se você parar para pensar, qualquer atividade tem essa queda motivacional. Ir à academia, por exemplo, no início pode contar com muito engajamento e resultados imediatos que fortalecem a vontade de se manter fazendo exercícios. Uma hora os resultados estabilizam, você começa a achar que não vai evoluir mais e então pensa em desistir. E aí é que está a diferença entre pessoas de alta performance e as medianas: quem quer grandes resultados atravessa esta fase com **disciplina** e constrói um resultado positivo duradouro.

Podemos ver este mesmo exemplo na construção de um negócio próprio, na permanência em um curso superior e na preparação para o vestibular, como no caso da minha prima. E se existem pessoas - você pode ser uma delas - que dedica ou já dedicou 8h diárias (de 5 a 6 vezes por semana) para trabalhar em uma empresa de outra pessoa, por que não podemos nos dedicar um tempo com qualidade e disciplina à maior empresa de todas: a nossa vida? Entender isto fez com que a minha prima quisesse ter algo que a lembrasse sempre do seu grande sonho, para que nem a desmotivação a fizesse parar.

Fortaleça seu compromisso

Comece fazendo algo bem simples: Pegue uma folha onde você - no próximo passo, segura um pouco aí! - escreverá as suas metas SMART. Esse primeiro passo nos ajuda a dedicar ainda mais áreas cerebrais para os nossos objetivos, aumentando a chance de realizá-los. Este é um fato comprovado por uma muito difundida pesquisa feita em cooperação entre a *Rotterdam School of Management* e a *University of Toronto*[10], e que nos aponta a relevância do simples ato de escrever à mão tudo que é importante para nós.

Curioso pensar que quase todos nossos grandes momentos da vida são documentados: nosso nascimento, casamento, contratação, abertura de nosso negócio, acordos, morte, habilitação para condução de veículos, compra de um imóvel... Por que nosso compromisso com nossas metas profissionais não pode ser levado tão a sério a ponto

---

[10] SCHIPPERS, Michaéla C.; SCHEEPERS, Ad W A; PETERSON, Jordan B. A scalable goal-setting intervention closes both the gender and ethnic minority achievement gap. Palgrave Communications: Toronto, 2015. Disponível em: <https://www.nature.com/articles/palcomms201514#discussion>. Acesso em 16 de janeiro de 2019.

de documentar? Então use esta folha como um espaço para documentar as seguintes informações:

- O que você quer alcançar?
- Qual o prazo que você dará a esta conquista profissional?
- De quais recursos você precisa?
- O que você precisa fazer para obter esta mudança em sua vida?
- Por que você quer alcançar?
- O que você perde (punições em forma de consequências negativas) se não atingir?

Esses dados remetem a algumas das ideias das metas SMART que vimos há pouco e são similares ao de um contrato profissional de prestação de serviços, por exemplo. Após escrever esses dados em um papel, use-os para redigir uma carta de compromisso (no final deste capítulo) falando sobre sua responsabilidade em realizar este objetivo e a imprima. Para comprometimento ganhar um bônus faça algo que é presente em todos os documentos civis que mencionei acima: **assine no final**. Nossa assinatura é um símbolo socialmente associado ao comprometimento a acordos realmente importantes, e nada é tão importante quanto a sua felicidade e autenticidade, não é?

Após escrever, revisite sempre este documento. Ponha este livro em um local acessível e leia sempre sua carta de compromisso para reforçar a importância deste objetivo para você. Para aprofundar ainda mais sua conexão com o objetivo, descubra algo visual, uma imagem que você possa usar como âncora motivacional e associar a este objetivo grande. Elabore uma imagem mental que te faça remeter seu objetivo, encontre alguma figura que se aproxime da sua imagem mental e coloque-a em um local que você possa acessar com frequência. É muito importante que você de fato sinta uma **emoção positiva** ao visualizar esta âncora, para que você possa reconhecer que pode voltar a senti-la a partir deste estímulo visual

A **visualização** é um dos recursos motivacionais mais poderosos, pois é um recurso externo que aciona o gatilho que faz com que você desperte sua motivação intrínseca (que parte do seu interior). Nenhuma motivação é tão eficaz e autêntica quando aquela que vem de dentro para fora. Para funcionar, a visualização tem que vir acompanhada da clareza absoluta sobre seu objetivo e sobre os benefícios (sociais, psicológicos, econômicos, de saúde, profissionais, etc) que ele te trará. O propósito em realizar seu objetivo será o grande impulsionador, e a visualização será a ferramenta que vai manter o seu porquê ativo na sua memória.

Muhammad Ali (1942-2016) foi o maior lutador de boxe da história, e o seu método de treino ficou bem conhecido por ser baseado nas técnicas de visualização. Sempre que iria se preparar, Ali estudava o oponente e seus movimentos, e passava então a treinar sozinho, de olhos fechados, simulando uma luta real com o outro lutador, visualizando os golpes que ele comumente dava e sua vitória sobre o oponente. Muhammad afirmava com convicção que esta era uma das coisas que mais influenciava seu impressionante histórico de vitórias, pois ele se projetava na luta e ao chegar nela já estava altamente motivado - pelo ensaio da sua vitória - e conhecia os movimentos do rival[11].

Um exemplo de um *coachee* que conheci de perto me mostrou mais uma vez o poder das visualizações. À época, ele queria muito fazer um intercâmbio para Dublin em um ano e seu salário lhe dava certas condições para isso, mas gastava compulsivamente, o que o afastava do seu objetivo. Para mudar de comportamento, ele pôs uma foto de Dublin na sua

---

[11] EKER, T. Harv. Os segredos da mente milionária. Sextante: Rio de Janeiro, 2006.

carteira e, sempre que estava prestes a gastar com algo, refletia sobre o impacto que isto teria na sua meta de fazer o intercâmbio. Seu comportamento mudou pela afirmação constante do compromisso e da paixão que tinha por esta viagem.

A sua âncora motivacional **não vai lhe garantir o sucesso do seu planejamento** (somente a eficiência dos seus esforços em realizá-lo irá). Ela te dará o impulso que vai te incentivar a se manter firme na conclusão dos passos que precisa dar, sem perder o foco, usando sempre os seus objetivos e os porquês que te fizeram optar por eles como os grandes motivadores. A âncora estimula a visualização, fazendo com que você vença as batalhas da sua trajetória primeiramente na sua mente e ganhe gás para materializar seu sucesso. Pense nela como um trampolim que acelera os saltos que você dá ao próximo degrau.

A âncora serve como lembrete para driblar os inimigos da sua realização, incluindo a procrastinação, o desânimo, o medo, a perda de direcionamento e as dificuldades. Quando o ganho a ser obtido com sua meta é algo vivo, atraente e onde você consegue projetar-se, fica bem mais fácil de dizer não para o que te tira do foco.

No caso do seu objetivo profissional, se imagine vivendo esta rotina, executando as atividades correspondentes a ela, se vestindo e comportando segundo esta profissão e experimentando a sensação de realização que te espera. Faça esse ensaio mental e identifique uma imagem que te relembre isto. Se você não sentir uma estranha sensação de completude e satisfação é porque você não fez uma escolha muito certeira: seja da âncora, ou da carreira.

Use este recurso para manter-se silenciosamente e inquietamente contagiado pela estranha atração do que você realmente almeja para sua vida profissional, e comprove com sua própria vida a diferença que isto provoca nos seus resultados.

AFIRMAÇÕES:

Consigo me projetar no futuro profissional que almejo.

Tenho uma imagem mental clara de quem serei no futuro.

Saber quem serei no futuro me motiva a prosseguir na minha jornada profissional.

CARTA DE COMPROMISSO:

Eu, _____, me comprometo comigo mesmo(a) a_____ até _____, usando _____ e fazendo _____, sob pena de _____ diante do não cumprimento deste compromisso.

Após alcançar este objetivo irei ter_____, recompensa por ter alcançado este objetivo.

Como protagonista da minha própria vida, toda responsabilidade sobre o cumprimento ou a quebra deste acordo é minha.

_____ , _____
(Local e data)

A PRIMEIRA E PRINCIPAL PESSOA A ACREDITAR NOS SEUS OBJETIVOS DEVE SER VOCÊ

Capítulo 11

Abdicar

"Nada em mim foi covarde, nem mesmo as desistências: desistir, ainda que não pareça, foi meu grande gesto de coragem."

(Caio Fernando de Abreu)

Como diria a música do Charlie Brown Jr., "cada escolha é uma renúncia, isso é a vida". Se você opta por um caminho, outro lateral se fecha. O que isto tem a ver com a construção de uma carreira autêntica? Tem que nossa escolha tem que ser tão nossa que não tenhamos dúvidas na hora de tomar decisões que favoreçam o sucesso nisto.

Você já se viu sem saber o que optar? Viver preso a escolhas mal resolvidas faz com que você não dedique seus recursos com eficiência, e isto inclui sua atenção. Você tem que estar tão encantado pela ideia de exercer essa profissão que nada te trave de mergulhar nela. Nem a estabilidade da sua atual função, o cansaço na hora de estudar, nem a falta de investimento inicial... Nada.

Uma das situações mais difíceis quando se fala em carreira é transitar para um novo desafio. Você sai de um local confortável para se jogar na incerteza, o que traz medo, mas também te aproxima mais de alcançar o que quer do que se não tivesse tentado.

Fomos ensinados a compreender que desistir é uma falha moral. No Brasil nos é ensinado o lema "eu sou brasileiro(a) e não desisto nunca" e mundo afora é pregado que o segredo reside em não desistir. É dito que não desistir é um sinal de força, coragem e perseverança. Mas será?

Ao contrário do clichê, renunciar pode ser a decisão que transporta pessoas para a alta performance. Este novo paradigma reside inicialmente na diferença entre tática e estratégia. Tática são todas pequenas ações, as manobras e o proceder em meio a uma batalha. Elas se orientam por uma estratégia, que corresponde às expectativas a longo prazo, ao caminho pelo qual as pequenas ações trilham.

Abandonar táticas (curto prazo) fracassadas pode fortalecer sua estratégia (longo prazo). Abandonar um emprego hostil e insalubre pode ser uma excelente escolha frente ao seu desejo de trabalhar com liberdade, em seu próprio negócio, por exemplo. Por isso é importante compreender o que você precisa deixar de lado para dar vazão ao seu máximo do seu potencial naquilo que realmente faz sentido para você. Isto pode ser desde o seu hábito de procrastinar até a graduação que você está empurrando com a barriga, somente para ter um diploma superior.

Após você identificar o tipo de profissional que quer se tornar, destine todas suas decisões para coincidirem com este caminho que você traçou. Isto vai lhe pedir abdicar de oportunidades que parecem imperdíveis em prol de galgar degraus importantes na sua trajetória.

Certa vez recebi uma proposta irrecusável: trabalhar 6 horas por dia em uma área bem distinta da minha, recebendo um valor muito bom para mim, que à época ainda era recém ingressa na graduação e ainda vivia com os meus pais. Contudo, como eu estudava durante toda a manhã, aceitar estar proposta seria comprometer minha tarde e início da noite em algo que não era coerente com a visão de futuro que tinha para a minha carreira. Era um contrato de 1 ano que me garantiria um rendimento muito interessante, mas que me distanciava da minha identidade profissional. Eu poderia até me acostumar e gostar da nova área, mas já tinha muita convicção da melhor versão que queria ser, e não estava disposta a abrir mão disto.

Disse não para essa oportunidade, e tomei uma nova perspectiva: decidi acreditar que este ocorrido tinha surgido para que eu desse ainda mais valor para o tempo disponível que tinha para dedicar à minha carreira. E o fiz: me dediquei firmemente a estudar e propagar meu trabalho com cada vez mais sede de avanços. Os maiores resultados não vieram de imediato, mas até hoje colho muitos resultados positivos dessa minha opção.

Se eu tivesse escolhido a opção alternativa, estaria com pelo um ano de atraso na minha jornada profissional. 31 536 000 segundos em que eu estaria distante da minha essência e exercendo um trabalho por protocolo ou viés financeiro. Será que vale a pena arriscar uma vida inteira por um curto período?

Livros, para mim, são um excelente exemplo disto. A leitura é algo que pratico bastante e estimulo em meu trabalho, mas tem horas que empacamos em uma livro e não evoluímos nele. Você desanima com o conteúdo, mas continua insistindo em manter o fluxo em prol de mais um número na sua lista de "sucessos". O problema é que se o livro não está somando de forma significativa para sua vida, não adianta mantê-lo na sua agenda. Pensar que desistir de um livro pode ser uma excelente sacada de produtividade e aprendizado é a renovação de um importante paradigma que é erguido constantemente.

As armadilhas do desespero e do pensamento a curto prazo são extremamente tentadoras e arriscadas.

Uma pessoa que sabe arriscar e desistir na hora certa o faz porque tem um **planejamento claro**, e não se deixa levar pela impulsividade. No calor da emoção acontecem as decisões mais precipitadas: picos de desapontamento comumente levam a desistências precoces, e a euforia pode levar a abraçar o que não é construtivo a médio e longo prazo.

Gosto de trazer esta realidade em números para que fique claro para mim quanto tempo de carreira autêntica é postergado em função de uma escolha hedonista. O melhor caminho é não decidir de imediato, mas colocar "na ponta do papel" os critérios que fazem você se sentir tentado a optar por abdicar ou iniciar essa atividade, de modo a aferir se é um beco sem saída, uma mera euforia ou uma desconfortável estrada para o sucesso. É por não saber a diferença entre esses três caminhos que muita gente não sabe desistir na hora certa.

Fazer uma graduação, por exemplo, não é sempre uma das experiências mais fáceis e prazerosas de todas. Existem muitos momentos onde a sobrecarga, as dificuldades e o desestímulo batem, e neste vale é onde muitos estudantes abandonam seu curso julgando que não estão no caminho certo - como se satisfação imbatível fosse um indicador preciso para delimitar se você está fazendo a coisa certa. Desafios são difíceis, mas podem ser superados. Ficar pulando de emprego em emprego por não suportar atravessar o vale do desafio não vai te ajudar a alcançar o objetivo de ser gerente comercial em 3 anos de formação superior. Abandonar seus empreendimentos no primeiro mês que fechar o balanço no negativo não vai fazer você ser proprietário de uma grande empresa na sua área.

Se você quer ter sucesso em algo, precisa ter consistência de propósito e sabedoria para as escolhas. Saber desistir de modo planejado de algo não vai lhe fazer crescer em direção às suas metas é uma decisão estratégica. Desistir por não aguentar a pressão de um caminho desafiador é um sinal de fragilidade emocional ou de alinhamento.

Não saber dizer não é uma das queixas mais comuns nos meus atendimentos de *coaching*, e sempre esse hábito é acompanhado de muita procrastinação, frágil autoconceito e dificuldade com priorização, gerando frustração. Frustração é sempre a diferença negativa entre expectativa e realidade, e não saber dizer não faz com que você seja uma pessoa que vive em **sucessivos gerúndios**: fazendo, sendo, enviando, terminando, tentando... Tendo muita dificuldade em concluir as atividades por estar constantemente atendendo aos mais diversos pedidos e oportunidades que surgem, sem foco algum.

Três coisas são os principais motivos para que as pessoas não saibam dizer não: falta de um foco claro, medo e tentativa constante de agradar aos outros. A primeira das três dificuldades é combatida por imersões de autoconhecimento como a que esse livro propõe, e as outras duas são decorrentes de uma mente altamente sabotadora.

Falamos um pouco sobre um dos dez tipos de auto sabotagem no capítulo 2, e agora vou te apresentar outro formato bem comum: o **prestativo**. É o tipo que vive em frequente busca por aceitação alheia, fazendo com que - por exemplo - você seja mais inclinado ao outro do que a si, vivendo, validando e priorizando mais aos outros do que à sua própria realidade.

Há quem escolha uma carreira para agradar aos pais, quem faça as atividades do colega no trabalho ou faça academia apenas para obter validação social. Uma vida autêntica é justamente baseada na **confirmação comportamental de uma verdade pessoal,** sem se influenciar pelos outros a ponto não se reconhecer mais. Prestatividade é uma excelente competência a ser praticada, mas em excesso pode virar uma excelente forma de sabotar seus resultados e sua identidade.

O sabotador da prestatividade remete diretamente à dificuldade de dizer não através da busca de aceitação, enquanto que o motivo restante - o medo - pode se apresentar de diversas formas. O medo é uma válvula de segurança psicológica e biológica, mas quando sai de controle, nos trava. Muitas vezes nem temos noção da influência deste medo exacerbado sobre nós, mas ele pode se apresentar por meio da inércia, da insistência desmedida, da incerteza, do vitimismo, do hiper racionalismo, do desequilíbrio emocional, do cuidado exagerado e até mesmo da procrastinação. Temos que ter um profundo nível de autoconhecimento para reconhecer estas participações do medo.

No momento de optar por prosseguir ou abdicar algo em prol da nossa carreira autêntica podemos sentir esse medo paralisador. Uma forma de dominá-lo é fazer uma análise cuidadosa sobre a situação, elencando seus principais pontos a serem considerados.

Para te ajudar nessa tarefa, trouxe um exercício simples e revelador: preencha os quadrantes abaixo com coisas que você 1) precisa manter, 2) precisa abandonar, 3) deve iniciar, 4) não deve iniciar. faremos esta identificação a partir dos critérios de fazer ou não algo, e deste algo ajudar ou não a você ser o profissional que quer ser.

	AJUDA O MEU OBJETIVO	NÃO AJUDA O MEU OBJETIVO
FAÇO	1) MANTER	2) ABANDONAR
NÃO FAÇO	3) INICIAR	4) NÃO INICIAR

Acabativa

Sabendo o que realmente vale a pena manter e viver, temos que nos orientar a fazer o planejamento ser efetivado.

Somente a prática de um planejamento claro e com propósito pode gerar resultados. Propósito sem ação gera **frustração**, aquela velha sensação de que a jornada não anda para lugar algum.

PROPÓSITO - AÇÃO = **FRUSTRAÇÃO**

Para além da ação, é necessário a consistência. Nenhum projeto não concluído alcança seus objetivos, não é verdade?

Aprendi muito com a minha vivência empreendedora sobre a palavra **acabativa**, que é o elemento que fecha o ciclo da realização. Imagine que você é uma pessoa sedenta, movida pelo propósito de obter água (seu objetivo) no fim da de uma estrada. Se você parar no caminho, você não vai poder desfrutar do que seu corpo e mente pedem instintivamente.

Seu negócio não vai sair do papel enquanto você não tiver consistência. Sua promoção de trabalho não vai acontecer enquanto você não tiver consistência. Sua oportunidade internacional não vai acontecer enquanto não tiver consistência. Seu canal no Youtube não vai ser bem sucedido enquanto não tiver consistência.

Propósito é o bem imaterial mais precioso e autêntico, mas sozinho ele não muda realidades. A receita de bolo não serve de nada você não tiver os ingredientes e a iniciativa de pô-los em prática consistente, até chegar à acabativa. O propósito direciona, a iniciativa tira do papel, os ingredientes (recursos) dão subsídios e a consistência leva à acabativa. Não vai adiantar preencher todos os exercícios deste e de outros livros se você não estiver com disposição para viver esta nova realidade.

> **SUCESSO** = PROPÓSITO + INICIATIVA + INGREDIENTES + ACABATIVA

Planejar, dar o primeiro passo e continuar realizando seu projeto de vida são passos importantíssimos, mas sem persistir até a conclusão da atividade que você se propôs, dificilmente você irá obter os resultados que espera. Só obtém novos frutos quem muda as sementes que planta. Ou seja: se quer mudança, mude.

AFIRMAÇÕES:

Colocarei todos os meus planos em prática.

Me disponho a abdicar de tudo que não for benéfico para o futuro que quero construir.

Não desistirei do que for importante e produtivo para a minha vida.

MINHA CARREIRA AUTÊNTICA NORTEIA TODAS AS MINHAS DECISÕES

Capítulo 12

Valorize suas conquistas

"Ao parar por um minuto e contar todas as suas conquistas, você perceberá como é bem-sucedido"

(Willie Nelson)

Nossos sabotadores estão constantemente tentando diminuir o nosso valor e o das nossas conquistas. Justificamos nosso baixo autoconceito de diversas formas, inclusive afirmando que nossas conquistas não passam de **obrigações**.

Muitas pessoas me procuram em sessões de *coaching*, dizendo que não conseguem ver suas conquistas como algo que deve ser comemorado, pensando-as justamente como deveres, reduzindo a pó aquela sensação instigante da vitória a cada novo passo dado. Isso advém muito da insistente rotulação da vida e das "receitas de bolo" que são vendidas como formas ideais de viver, sob o preço das pessoas a seguirem com insatisfação e identificarem os passos alcançados como parte do *script*.

Concluir uma graduação, conseguir uma promoção no emprego e conseguir manter um negócio próprio são algumas das conquistas mais negligenciadas, mas quem disse que é sua obrigação passar por qualquer uma dessas fases? Enquanto virmos nossa vida como uma lista de obrigações, a viveremos sob o constante desânimo para cumprir protocolos. Tudo que realizamos antes foi pensado, sonhado, e deve ser comemorado.

Metas são comemoradas, obrigações são cumpridas. Pensando desta forma, o primeiro passo para desfrutar com integridade das suas conquistas é justamente fazer o que fizemos durante toda a jornada deste livro: definindo-as como metas SMART, atribuídas de muita importância e totalmente baseadas na nossa identidade. Só o reconhecimento absoluto com nossas metas vai fazer com que tenhamos o maravilhoso gostinho de conquista ao alcançá-las.

Alguns objetivos são autênticos, mas ainda assim não mantemos vivos os porquês que os desejamos. Isso pode se dar devido ao péssimo hábito culturalmente instalado de fazermos nossa lista de objetivos e a esquecermos dentro da gaveta, sem nunca mais consultarmos. Por mais que sejam importantes, a correria do dia-a-dia e outras demandas mais urgentes no momento podem fazer com que tenhamos dificuldade de priorizar e lembrar os nossos objetivos, principalmente os de médio e longo prazo.

Em casos como este, precisamos manter em mente o que conversamos (no capítulo 7) sobre a visualização. Ela é uma excelente aliada na concretização dos seus resultados e na motivação para fazer acontecer. Então coloque seus objetivos de maneira visível na sua casa, no seu espaço de trabalho, no celular e onde mais for necessário para que você mantenha-se constantemente comprometido e lembrando da importância da sua autenticidade profissional. Como diz a música de Emicida:

"Irmão, você não percebeu

Que você é o único representante

Do seu sonho na face da terra

Se isso não fizer você correr, chapa

Eu não sei o que vai"[12]

Quando você sabe para onde vai, entende o porquê da jornada que escolheu e dá tudo de si, tem motivos de sobra para comemorar. Essa é a expressão mais original da nossa identidade. O que fazemos com o coração e todo nosso entusiasmo é o que melhor nos descreve. Se você não consegue comemorar, é porque não se reconhece no que construiu.

---

[12] Emicida - Levanta e Anda (part. Rael da Rima).

O que a gente não entende muitas vezes é que **saber agradecer** (junto a saber dar, pedir, receber, declarar e perdoar) faz parte dos hábitos de alguém abundante. Se você não souber comemorar e ser grato por tudo que conquista, sua vida será apenas um grande *check list*, onde você descreve obrigações e as cumpre no automático, sem sentir o renovo de cada novo degrau.

Temos uma cultura que valoriza mais o que falta do que o que já possuímos. Valorizamos mais uma nota baixa do que as outras dez altas do boletim, mais os defeitos do que as qualidades, mais as pessoas ausentes do que as que se mantém conosco e mais o que ainda não fizemos do que nossas conquistas. Tem gente que vive a vida toda assim.

Dessa forma a vida vira uma jornada cansativa a um lugar nenhum, pois toda vitória é desconsiderada. O palco da vida vira uma estante de troféus nunca antes admirados. Você conhece alguém assim?

Enquanto esta óptica de ingratidão for a que tivermos sobre nossa vida, estaremos constantemente infelizes. Devemos ser ambiciosos sobre nosso futuro, mas gratos sobre nosso presente. Temos que ter os olhos fixados no que virá sem deixar de curtir o que já possuímos.

Gosto muito de uma história de um belíssimo castelo inglês. Nele não se cobrava nenhum valor para a entrada e isso atraía diversos visitantes de todo o planeta, curiosos para conhecer melhor aquela obra prima da arquitetura medieval. A única condição para a entrada ser gratuita era a de que todos deveriam entrar com uma colher de farinha na boa, sem deixar nenhum grão cair.

O desafio instigava os visitantes, que o cumpriam sob pena de não aproveitar bem o passeio por estarem dedicados a não derramar a farinha em sua boca. Assim muitas vezes vivemos a vida: atentos demais ao que virá a ponto de deixar de desfrutar o caminho e o que já possuímos.

Você cresceu muito, sem dúvidas. Lembre de onde você veio e o que tem conquistado, lembre de cada coisa que você acreditou que nunca iria realizar, os sonhos que concretizou e todas as coisas que todos - inclusive você - não acreditaram, mas alcançou. Lembre-se da melhor versão de si que tem desenvolvido, e de que sua jornada profissional tem se tornado cada vez mais autêntica a cada uma dessas decisões convictas que tem tomado.

Vamos fazer esse exercício: pense em tudo pelo qual você já batalhou, os sonhos que realizou, as metas que alcançou e insira no espaço abaixo. Podem ser grandes êxitos como a aprovação no vestibular ou pequenas grandes vitórias como um novo hábito alimentar. Tudo aquilo que provocou uma melhor versão de você.

Toda conquista é digna de ser festejada. Olhe bem para esta lista que acabou de construir e reviva este bom sentimento da conquista. Lembre-se de tudo que você destravou graças ao que conseguiu alcançar. Sinta o gosto do sucesso e o aprecie. Adaptando o trecho de Emicida: Se isso não fizer você **comemorar**, eu não sei o que vai. Como diria artista Peter Hagerty, "A vida é uma jornada. Se você se apaixonar pela jornada, você será um ser apaixonado até o fim dos tempos".

Comemorar é o que fecha o ciclo da identidade profissional, marcando o reconhecimento de quem somos na sua melhor forma. **É o *happy hour* da vida.**

AFIRMAÇÕES:

Tenho um valor inestimável e conquistas maravilhosas.

Tenho profunda gratidão por quem sou e por quem estou me tornando.

Reconheço meu poder e tudo que tenho construído.

Minhas conquistas autênticas são a expressão do que há de melhor em mim.

Meu poder pessoal irradia sobre outras pessoas também.

Conclusão

O caminho que leva à auto realização se inicia na construção da identidade. Só com ela a autoconfiança surge e um caminho autêntico pode então ser traçado com aquela sensação de reconhecimento em tudo que é realizado.

Se eu tivesse desistido do propósito que declarei para minha carreira, todas as pessoas que foram investidas pelo Fora da Caixa, pelo Vamos Falar de TDAH? e todos outros projetos que liderei teriam um rumo diferente. Principalmente eu. Eu não estaria tão feliz, minha vida não teria tanto significado e você não estaria lendo esse livro.

A verdade é que nosso propósito muda primeiramente a nossa vida, mas incendeia a vida de quem compartilha dessa jornada com a gente. Um exemplo que deixa isso muito claro é o de um rapaz da periferia recifense que assistiu uma das minhas palestras há tempos atrás. Ele não tinha nenhuma perspectiva de cursar uma faculdade. Imaginava que estava longe de suas capacidades financeiras e de instrução, pois vivia em condições muito restritas de vida. Mas com uma gota de fé e conhecimento que foi doada para sua vida, este rapaz alimentou o sonho de um dia se graduar. Anos depois eu recebi uma mensagem que dizia "Aline, aconteceu. Eu fui aprovado no vestibular".

Diariamente acordo sabendo os motivos que me cercam e o que o futuro me espera. Isso me enche de inspiração e garra de maneira muito natural, pois é fruto de uma vontade autêntica impulsionada diariamente.

Sabe o que desejo? Que não desperdicemos nossa vida sendo marionetes dos desejos alheios sobre nós, abdicando de quem nós somos. Nesta era complexa e interconectada, a produtividade e a felicidade não só podem, com **devem** andar de mãos dadas para que nossa vida pessoal possa então fazer as pazes com nosso trabalho e nosso tempo terreno possa ser aproveitado da melhor forma possível.

Já chega dessa briga constante com o horário de saída do trabalho e com as expectativas das férias! A satisfação nunca vai ser completa, mas porque temos que nos contentar com passar boa parte da nossa vida em algo que não é coerente com nossos talentos, expectativas e propósito? No Brasil a média de tempo que um funcionário formal leva para se aposentar é de 30 a 40 anos[13], trabalhando por volta

---

[13] INSS. Aposentadoria por Tempo de Contribuição. Ministério da Economia, 2018. Disponível em: <https://www.inss.gov.br/beneficios/aposentadoria-por-tempo-de-contribuicao/>. Acesso em 07 de março de 2019.

de 8h diárias. Se pormos um valor, por baixo, de 30 anos trabalhando por 8h com 255 dias úteis ao ano, temos 61.200 horas trabalhadas. Consegue imaginar que muitas pessoas têm usado 61.200 horas (3.672.000 minutos) da sua vida em algo que elas contam as horas para que acabe? E se uma dessas pessoas for **você**?

Um das coisas que mais nos escraviza a estes trabalhos insatisfatórios é a ter uma referência cega das opiniões alheias. Muitos escolhem uma carreira porque ouviram que é preferível trabalhar em algo estável, ou porque uma carreira é "mais digna" ou dá mais *status*, e por isso se sentem presas a algo que não se identificam, não vêem um porquê ou uma contribuição para sua vida.

Os comentários tóxicos de pessoas muito queridas formam um exemplo comum que nos levam a optar por carreiras infelizes. Familiares e amigos próximos que não compreendem nosso caminho podem tentar nos influenciar a mudar de rota por terem outras formas de enxergar o que é melhor para você. Nestes momentos, é necessário respeitar as opiniões alheias, e é ainda mais necessário se manter firme nas suas convicções pessoais.

Passamos a vida toda estudando outros seres, outras formas de vida, outros locais... Mas nos amedrontamos em explorar o território itinerante da nossa essência. Mal sabemos em que mar nossos rios internos desaguam.

Mudar nossas engrenagens gera algum nível de curiosidade e de medo, e isso é mais do que necessário. Explorar o novo requer interesse e cautela. Mas quando estamos falando em investigar a nós mesmos, estamos falando de uma viagem sem volta para dentro, em direção a um chamado à autenticidade.

Ser você é libertador. Parar de se comparar é tomar seu próprio projeto de vida como referência em respeito a quem você é e a quem quer se tornar. Você deixa de viver uma relação moralmente dependente e ganha amplitude para agir. É baseado nesses conceitos que, na prática, a referência dos valores que fundaram a revolução francesa (liberdade, igualdade e fraternidade) e inspirou democracias em todo o planeta, foi substituída por **autonomia**, **equidade** e **cooperação**. Nossa vitalidade espiritual e profissional pede isto. Afinal de contas, ser autônomo é a forma que o ser humano encontrou de ganhar asas.

O melhor do projeto de si é que ele nunca vai estar acabado, fadado a ser um inflexível produto que é criado e posto em uma prateleira até que seja esquecido. É no reconhecimento diário de nossos próprios significados que está nosso ápice.

Nossa melhor versão não está em local estático, mas flexiona-se nas novas verdades que construimos e conhecemos em nós. Não somos construtores de um edifício chamado nós, mas aventureiros nos nossos próprios caminhos. Não se cesse por aqui.

Seja autêntico e sinta cada nota da sua identidade permear tudo que você faz. Se comprometa consigo, não se atrase, e nem se procrastine. Você é diretor, gerente e funcionário da sua vida. **É autor e personagem principal**. A vida e a morte de seus sonhos e de sua energia de vida são determinados pela sua forma de ver e viver. Ao optar por pensamentos e atitudes depreciativos, você se desvaloriza e cai na mediocridade de ser mais um. Ser medíocre é suficiente, mas ser suficiente não basta.

Chega daquela sensação um *déjà vu,* um "novo filme repetitivo" (ou como diria Cazuza "um museu de grandes novidades") diário. Uma história nova que sempre segue um roteiro fracassado. Quando o ciclo vicioso do auto distanciamento se quebra, você consegue experimentar um *vuja de*: experiências comuns vividas de formas inusitadas.

Todas as respostas estão em você. E mais do que compreender qual a empresa ou o trabalho dos seus sonhos, você deve se preocupar em conhecer a sua **eupresa**, a maior empresa que existe: a sua vida. Invista nela, pois esse tipo de dedicação gera retorno diário e exponencial.

Agora use tudo que adquiriu e ressignificou neste livro para protagonizar a escrita das suas próprias declarações positivas. Decida quais afirmações irão impulsionar o melhor de você em relação a esta jornada que trilhamos juntos.

MINHAS DECLARAÇÕES PESSOAIS:

_____
_____
_____
_____
_____
_____
_____
_____
_____
_____
_____
_____
_____
_____
_____

www.ingramcontent.com/pod-product-compliance
Lightning Source LLC
Chambersburg PA
CBHW030643220526
45463CB00004B/1620